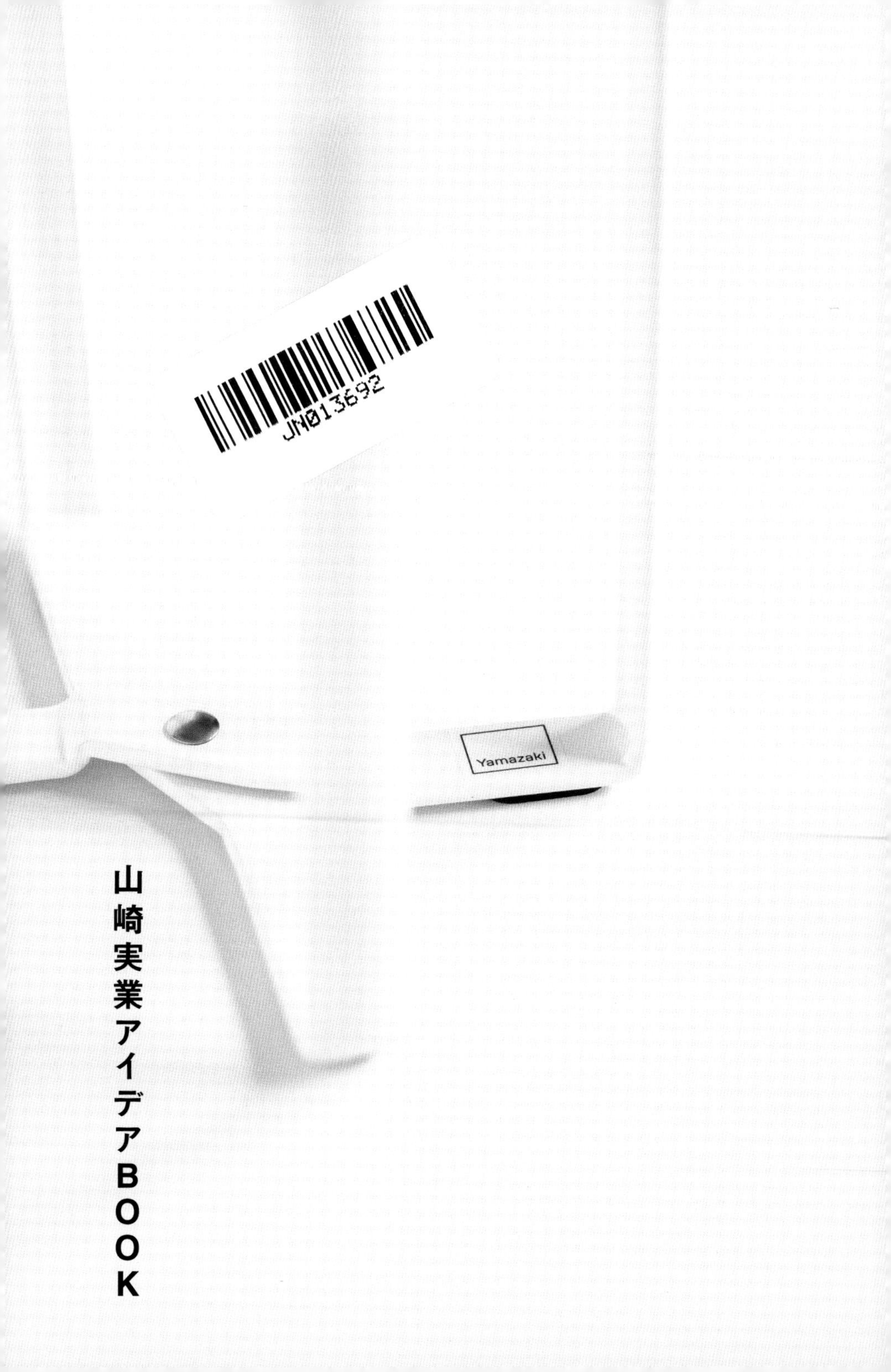

山崎実業アイデアBOOK

みなさん
はじめまして!!
大好きな
山崎実業の話
山本さほ
ただの山崎実業
大好きまんが家
山本さほです。
まずはじめに、私が
山崎実業ファンになった
きっかけをお話しさせてください。
それは私が
一人暮らしを始めたときのこと…
東京の物件は
とにかく家が狭い…
自炊するとなると、
キッチンはご覧のありさま
ごちゃ…
山本は
悩んでいた…
水切りかごを置くと
まな板を置くスペースが
なくなってしまう…
そんな時に見つけたのが
山崎実業の
『伸縮水切りラック』!!
☆くわしくは後半で

使っていると、うちに来た母が…
これいいわねぇ…うちにも欲しいわ
と言いだしたので
同じものを買って送ってあげた。
するとしばらくして
お姉ちゃんもあの水切りラック欲しいって言ってるの
と言いだしたのでもう一つ送ってあげた。
じゃあたのんどくね〜
友達が来ても
これいいなぁどこで買ったの?
なんてとこだったかなぁ…
と聞かれる。
そこで私は初めて"山崎実業"というメーカーの名前を意識したのだった。
へぇ〜…ココが作ってるんだ…
そして気付いてしまったのです…
あれ?なんか見おぼえあるな…
このゴミ箱…
このリモコン立て…
このティッシュケース…
うちにあるもの…山崎実業ばっかだ…!!

買った時期も場所もバラバラ…
ただその時気に入った物を買っていただけなのに…
いつのまにかわが家は山実だらけだったのです!!
それ以来、私が絶大な信頼を置いているメーカー…
山崎実業…。
山実なら間違いない!!
ーというわけでこれから、山崎実業のすごいところを紹介していきたいと思います!!
私はインテリアショップでぶらっと買いものするのが好きなのですが…
日本全国どこにでもある巨大な量販店…
バス トイレ 用品
北欧系オシャレセレクトショップ…
代官山の高級インテリアショップ…
山崎実業はありとあらゆるお店に置かれています。
あっ!! こんなところにも…
tower

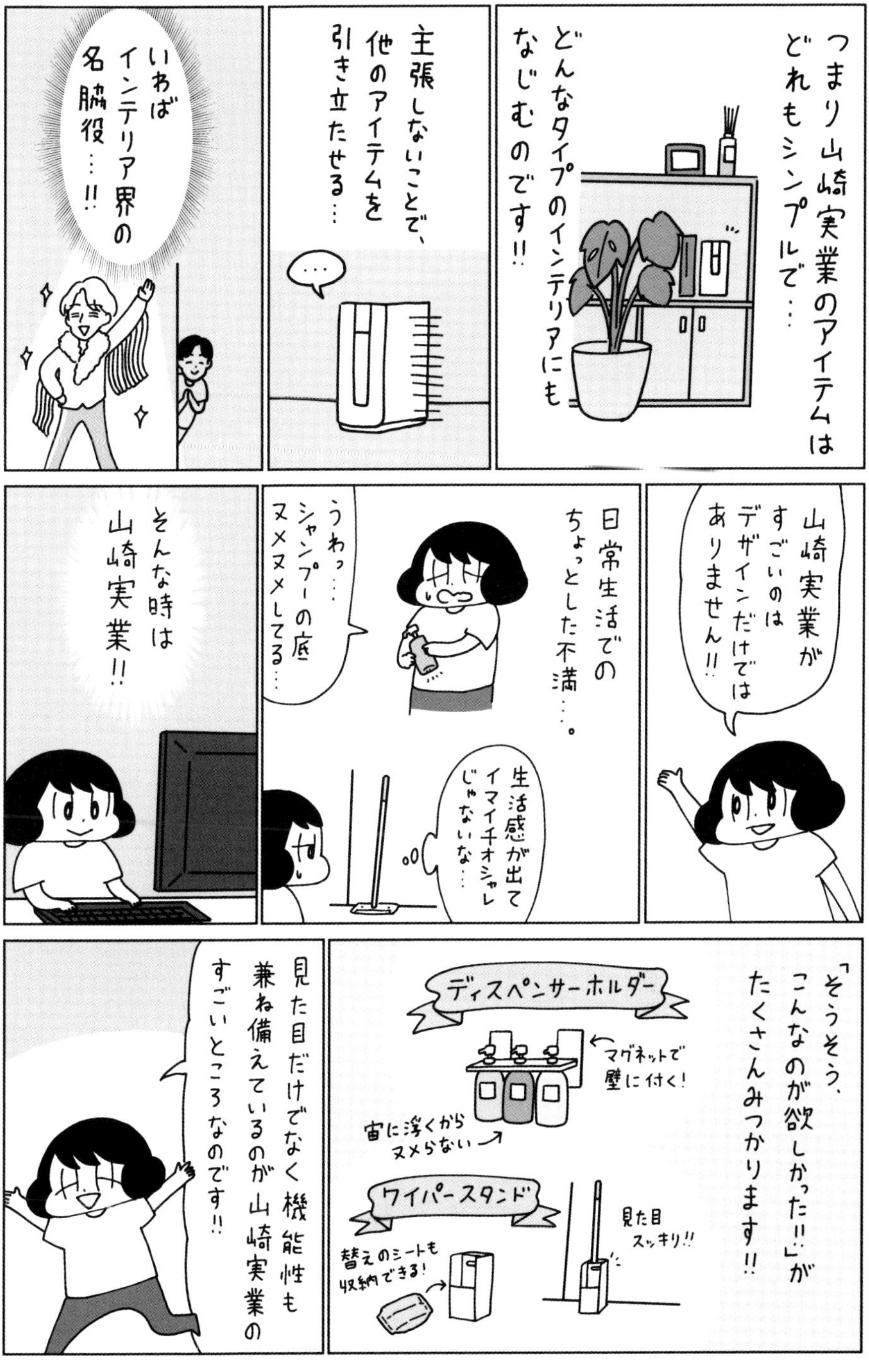
つまり山崎実業のアイテムはどれもシンプルで…
どんなタイプのインテリアにもなじむのです!!
主張しないことで、他のアイテムを引き立たせる…
…
いわばインテリア界の名脇役…!!
山崎実業がすごいのはデザインだけではありません!!
日常生活でのちょっとした不満…。
うわっ…シャンプーの底ヌメヌメしてる…
生活感が出てイマイチオシャレじゃないな…
そんな時は山崎実業!!
「そうそう、こんなのが欲しかった!!」がたくさんみつかります!!
ディスペンサーホルダー
マグネットで壁に付く!
宙に浮くからヌメらない
ワイパースタンド
見た目スッキリ!!
替えのシートも収納できる!
見た目だけでなく機能性も兼ね備えているのが山崎実業のすごいところなのです!!

最後に…
山本オススメアイテム紹介!!
ハマったきっかけ!
伸縮水切りラック
おはしケース
2個付き
使わないときは
立てかけることも…
伸縮する!!
シンクの一部を使って
省スペース
スッキリ
2人分くらいの
食器なら余裕で
のります。
水はシンクに落ちるので
ヌメらない!!
通常の水切りかごだと
底に水がたまってヌメヌメに…
私は3つ持ってます!!
ポリ袋エコホルダー
先っぽに
すべり止めが
付いてるのが
ポイント!
☆コップを乾かすのに
使ったり…
☆ポリ袋をひっかけて
くず野菜のゴミ袋にしたり
☆まな板を干したい時も
使ってます!!
長いバージョンも
あってペットボトルや
水筒を乾かすのにも
使える!!
使わない時は折り畳んで
引き出しにしまえるのが良い!!

お気に入り！
米びつ
密閉されてて安心…!!
透明なフタで残量がわかりやすい
計量カップ付
底がカップの形にくぼんでいて最後の最後まで使える!!
シンク下にぴったりおさまるサイズ（5kgまで）
考えた人、天才では!?
めっちゃ助かった…!!
テレビまわり収納
置き場所が決まれば片付けもラクチン!!
ゲーマーなのでTVとディスプレイまわりが大変なことになっていたが…
ごちゃ…
テレビ上収納 & テレビ裏ラック
のおかげでスッキリ～
山崎実業のHPやアプリをチェックするのはもはや私の趣味となっているのですが…
Yamazaki
トップページ
へぇ～!! 洗剤を洗濯機の横に貼り付けられるんだぁ～
便利～
今まで特に悩んでいなかったことまで、どんどん改善したくなるのが山崎実業のすごいところ…!!
これ取り付けたらもっとスッキリするかも…
最近は新たな悩みを見つけるために新作をチェックするという、
本末転倒な山崎実業ファンなのでした…。
おわり

「大好きな山崎実業の話」登場アイテム一覧

→ p100下

リモコンラック
リン

→ p117下

フローリングワイパースタンド
プレート

→ p101上

ティッシュケース
レギュラーサイズ タワー

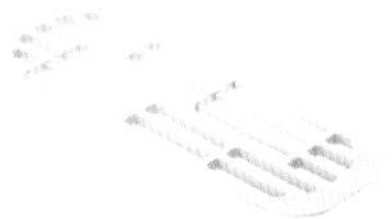

→ p102上

伸縮水切りラック
タワー

→ p103上

ポリ袋エコホルダー
タワー

→ p116中

テレビ上&裏ラック
スマート ワイド

→ p106中

密閉 シンク下米びつ
タワー 5kg 計量カップ付

→ p108下

マグネットディスペンサーホルダー
タワー 3 連

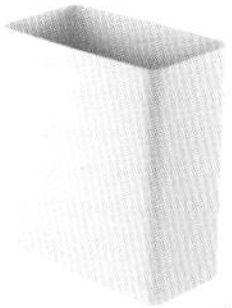

→ p100中

トラッシュカン
タワー 角型

山本さほ（やまもと・さほ）

マンガ家。1985 年生まれ。「note」で発表した子どものころからの親友「岡崎さん」との友情を描いた自伝的作品『岡崎に捧ぐ』（小学館）が大きな話題となり、現在は雑誌やウェブで幅広く活躍中。著書に「文春オンライン」にて連載中のエッセイマンガ『きょうも厄日です』（文藝春秋）のほか、『この町ではひとり』（小学館）、『無慈悲な 8bit』（KADOKAWA）などがある。ゲーマーとしても知られる。2019 年 9 月、Twitter におすすめの山崎実業製品を紹介するマンガを投稿し、大いにバズった。

@sahoobb

Yamazaki

山崎実業株式会社

設立
1971年（創業大正初期）

資本金
9600万円

所在地
奈良県生駒郡安堵町窪田 851-1

事業内容
家庭日用品の企画、製造、販売

営業品目
アイロン台、かさ立て、収納用品を主力とするインテリア雑貨全般

https://www.yamajitsu.co.jp

@yamazaki.home.channel

@Yamazaki_home

YouTubeチャンネル @yamazaki.home.channel

◀公式アプリ

はじめに

生活の中のちょっとした困りごと。たとえば調理中に出るたくさんの生ごみの処理。浴室に置いたボディソープやシャンプーの容器の底のぬめり。意外にかさばる洗濯用ハンガーの置き場所。ささやかだけれど、積もり積もるとストレスにもなるこうした悩みを解決してくれるのが、山崎実業の商品です。

そんな山崎実業の商品に、ことさら強く惹かれる人たちが増えています。それとは知らずに購入し、いつしか「あれ、これも山崎実業だ」と意識し始めたが最後、あなたはもう山崎実業の虜。暇さえあればネットやアプリで商品を漁り始め、これもいいね、あれもいいなと買い求めて、わが家をますます快適にしてしまう……！「こんなものまで!?」というニッチな商品もあるものだから、その行為には終わりがありません。

まさに「かゆいところに手が届く」。その「届き方」が尋常でないがために、山崎実業は多くの人にとってスペシャルな存在となりました。生活者の悩みにぴたりと寄り添う商品コンセプトはもちろんのこと、どんなインテリアにもなじむシンプルで洗練されたデザイン、高級感ある質感、不思議と隙間にハマる絶妙なサイズ感、簡単には壊れない堅牢な作りは、山崎実業ならではのクオリティであり、多くの支持を集める所以であるのです。

今や大人気企業となった山崎実業ですが、ところが商品に関する情報以外はまったく表に出てきません。数々のヒット商品はどのようにして開発されたのか、デザインされているのか——その実像は秘密のヴェールに包まれ、杳として知れません。そんな謎めいたところもむしろファンにとっては「次はどんな商品を出してくるのだろう!」と、想像をたくましくする燃料になってしまうのですが……。

本書は、そんな山崎実業の商品の「アイデア集」であり、また「ファンブック」でもあります。参考にしつつ、共感したり、驚いたりして、商品との出会いにときめきながら、楽しく読んでいただけたら幸いです。

SERIES

山崎実業にはいくつかのシリーズ（ブランド）があり、
それぞれデザインの傾向が異なります。
自宅のインテリアに合うものを探してみてください。

tower タワー

言わずとしれた大人気ブランド。「山崎実業」という社名を知らなくても、towerというシリーズ名は知っているという方も多いのでは。「暮らしをもっとスタイリッシュに」というキャッチコピーのもと、モダンでシンプルなデザインで、快適な収納を実現し、どんな部屋にも快適さとエレガンスをもたらします。カラーバリエーションは白と黒の２色。スチールを中心に、樹脂などを使用しています。

tosca トスカ

白のスチール素材をベースとして、部分的に木を効果的に取り入れた、柔らかで温かみのある北欧テイストのデザインが特徴です。ナチュラルなインテリアにもフィットします。似たような商品でも、シンプルなtowerと、木を取り入れたtoscaのものがあったりするので、インテリアに合わせて選んでください。

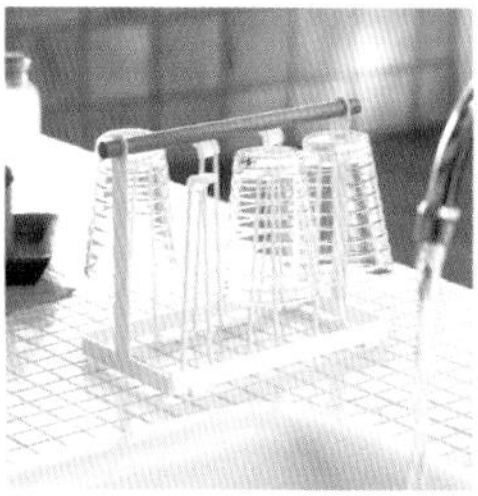

その他

ほかにもミニマルなデザインの「Plate(プレート)」や、家具などに多い「PLAIN(プレーン)」「frame(フレーム)」、シンプルな小物の「smart(スマート)」などがあります。また、国内代理店として、アメリカのハウスウェアブランド「simplehuman」や、シッティングボール「vivora」の輸入・販売を手掛けています。

RIN リン

モダンなエッジとウッドパネルをアクセントとした、シンプルな整理整頓ツールのラインです。大胆な木目使いがアクセントとなって、インテリアに高級感と落ち着きをもたらします。リビングや玄関で使うものや、ごみ箱やティッシュケースが中心。

TERMS

商品名に頻出するこの2つの用語は、壁面に設置する方法を表しています。壁面に応じて使い分けてください。

【フィルムフック】

マグネットが使えない壁面に吊り下げる方法のひとつ。フックが付いたフィルムを壁面に貼り付けることで、さまざまなアイテムを吊り下げられるようになります。

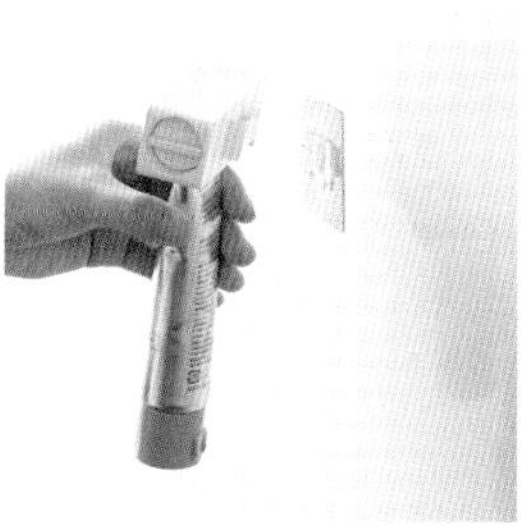

【マグネット】

山崎実業の製品によって、たとえば浴室の壁面など、「こんなところにもマグネットが使えるんだ」と驚いた方も多いのでは。山崎実業製品のマグネットは非常に強力で、「マグネットディスペンサーホルダー」などの商品は、ポンプを押しても微動だにしません。

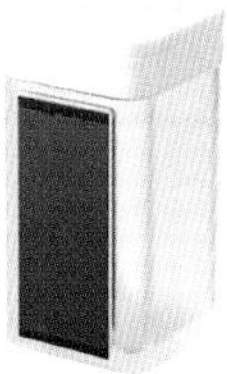

02 山本さほ 「大好きな山崎実業の話」

10 はじめに

12 山崎実業の基礎知識

part 1 山崎実業のある暮らし

18 case example #01 NANAKOさん
タワーで白くすっきり統一
使い勝手抜群のシンプルインテリア

26 case example #02 ぴょこぴょこぴさん
子どもの成長とともに変わる収納
その微調整に山崎実業は最適です

34 case example #03 本書担当編集S.O
リビングの黒、水まわりの白
実用性と趣味性の間を埋める存在

44 case example #04 うまさん
費やした金額は10万円以上！
賃貸でこそ活きる山崎実業の長所

54 case example #05 近藤こうこさん
重厚感ある黒は山崎実業の特徴
機能的でも生活感は出ない

62 case example #06 まめ嫁さん
転勤族だからわかる山崎実業の
「どんな家にも合う」汎用性

70 case example #07 まいさん
取り出しやすくてしまいやすい
だから掃除も収納も楽になる！

61 山崎実業の豆知識 「パーツショップ」を活用しましょう

part 2 みんなのイチオシ山崎実業

82 ハンズ

83 奈良 蔦屋書店

84 collemo

85 212 KITCHEN STORE

85 赤工友里さん（整理収納アドバイザー）

86 ハギヤマジュンコさん（一級建築士・整理収納アドバイザー）

87 山本瑠実さん（ライフオーガナイザー）

88 来住昌美さん（スタイリスト）

89 深川あさりさん（スタイリスト）

90 齋藤菜々子さん（料理家）

91 新谷友里江さん（料理家）

92 ESSE 編集部

part 3 山崎実業 商品カタログ

100 リビング

101 下 キッチン

108 バスルーム

111 上 洗面室

110 下 ランドリー

113 中 トイレ

113 下 玄関

114 下 クローゼット

116 上 キッズ

116 中 家電収納

117 中 掃除用品収納

INTERVIEW

77 **収納王子コジマジック**さん

**「開発会議に参加してみたいんですが
OK してもらえないんです（笑）」**

94 **マキ**さん

**「『日々のちょっとしたストレス』を
解消してくれるんですよね」**

118 **河井菜摘**さん

**「『見ていて気持ちがいい企業』なんです、
山崎実業は」**

124 **岡田育 「山崎実業には視えている」**

part 3

「山崎実業 商品カタログ」の見方

**ティッシュ & ウェットシート
ケース
リン** ― 商品名

5698 5699 ― カラーバリエーション&品番

上段にはウェットティッシュや小物が置けるティッシュケース。スチールに高級感があり、スリムなので置き場所も選ばない。

➡ p35 ― 掲載ページ

＊本書に掲載された情報は 2023 年 3 月現在のものとなります。商品情報、URL などは予告なく変更されることがあります。
＊「生産終了」とあるものは在庫がなくなり次第、販売終了となります。類似の商品、後継商品が存在する場合もあるので、公式アプリや公式サイトで探してみてください。
＊本書で紹介している商品の使用例の中には、自己責任のもとに本来の用途とは異なる使い方をしているケースがあります。

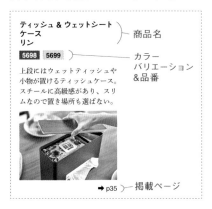

part 1

山崎実業のある暮らし

多くの山崎実業製品を使いこなす
熱烈なファンたちの
インテリアと収納を拝見。

case example

#01

キッチン家電をはじめ、食器棚も、山崎実業製品も白で統一。「リビングやダイニングからも見えるオープンキッチンなので、できるだけすっきりさせたい。白を基調にすることで、明るく広々と見えます」

4

case example

#01

タワーで白くすっきり統一
使い勝手抜群のシンプルインテリア

キッチンで悪目立ちしやすいパンやシリアル、はちみつなどの朝食セットはまとめてブレッドケースで目隠し

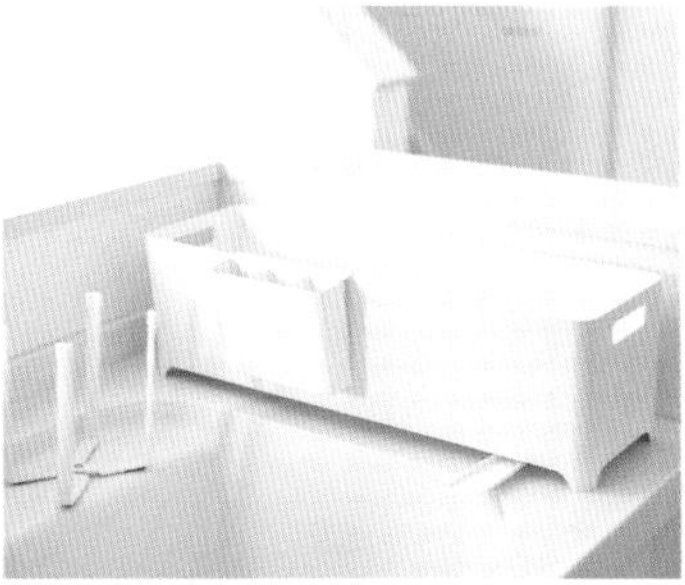

シンク横のスペースにジャストフィットの水切りかご。「コンパクトなのにフライパンや大皿も入ります」

5kgのお米が袋ごと入る米びつなら詰め替えの手間もナシ。蓋が透明で残量がわかりやすいのも高ポイント

NANAKOさん
整理収納アドバイザー
山崎実業歴　4年
保有アイテム数　20程度

夫、7歳の娘と埼玉県の一戸建てで暮らす。収納術やもの選びについて発信するほか、モデルルームの収納監修も行う。
@nanako_original_living

「収納用品には、目立たず裏方に徹してほしい。シンプルなデザインで部屋に溶け込むタワーは、すっきり見せたいわが家の強い味方です」

そう話すNANAKOさんが意識しているのは「白のキッチンには白のタワー、黒の玄関には黒のタワー」と、置く場所と同じ色を選ぶこと。

「特にわが家のオープンキッチンは玄関からも見えるので、できるだけ片づけておきたい。かといってなにもかもしまい込むと使いにくいので、よく使うものは出しっぱなしにしたいんです。白いアイテムで統一して

6

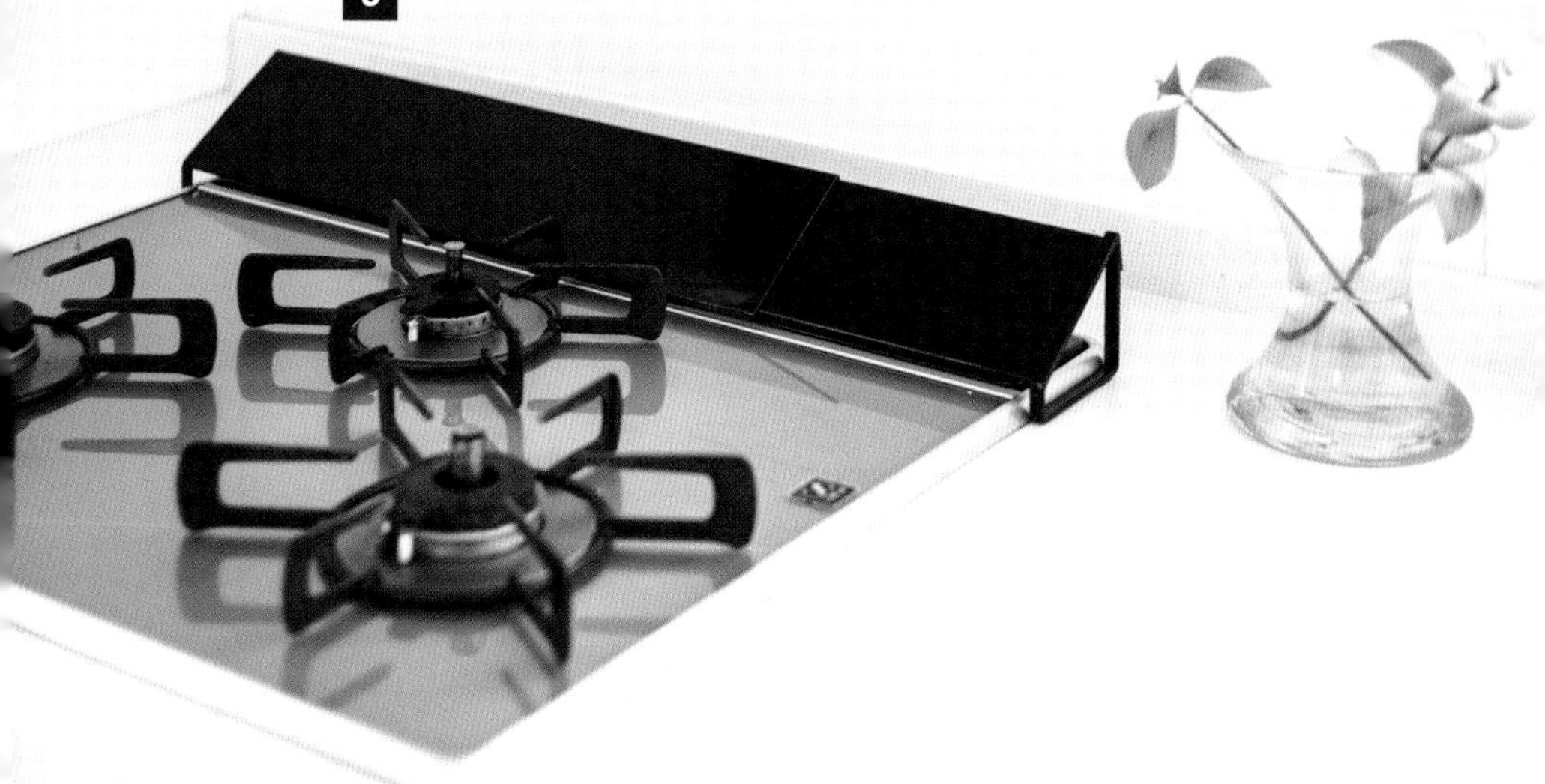

汚れを防止する排気口カバーはもはやキッチンの必需品！「キッチン内は基本的に白で揃えていますが、排気口カバーだけは黒を選びました。黒なら油はねや汚れも目立ちにくいんです」

レンジフードのフックは、調理中のキッチンツールの一時置きに。「いちいちシンクに置く手間が省けます」

背景に溶け込ませれば、ものが多くても散らかって見えません」

　タワーの多くにスチール素材が使われていることも、選ぶ決め手に。「一般的にキッチンやランドリーのアイテムはプラスチック素材が多いけど、目立つ場所にあるとどうしても安っぽく見えてしまう。スチール素材のタワーなら、置くだけでスタイリッシュな印象になります。どれも毎日使うものだからこそ、本当に使いやすくて、見た目も気に入っているものを選びたいですよね」

　仕事でモデルルームの収納空間を提案する際も、山崎実業のアイテムから選ぶことが多いそう。

「日本の都心部の住まいはコンパクトな家がほとんどで、隙間をうまく活用しないと快適に暮らせない。山崎実業の製品は日本の家によくフィットしたアイテムが多く、暮らしの強い味方でいてくれるんです」

さりげなくピアノの足下に置いた黒のハンディーワイパースタンド。「遠目だと存在自体に気づかないほどのなじみ具合！　本体に適度な重さがあって安定しているので、出し入れの際に倒れません」

背景の色みに合わせて黒と白を使い分け なじむ色を選べばすっきり見えます

「靴箱の中には伸縮タイプのシューズラックを置いて収納力をアップ。空きスペースを無駄なく活用できます」

ピアスは家を出る直前に着けるため靴箱の上へ。「towerのトレーはコンパクトで、玄関でもじゃまになりません」

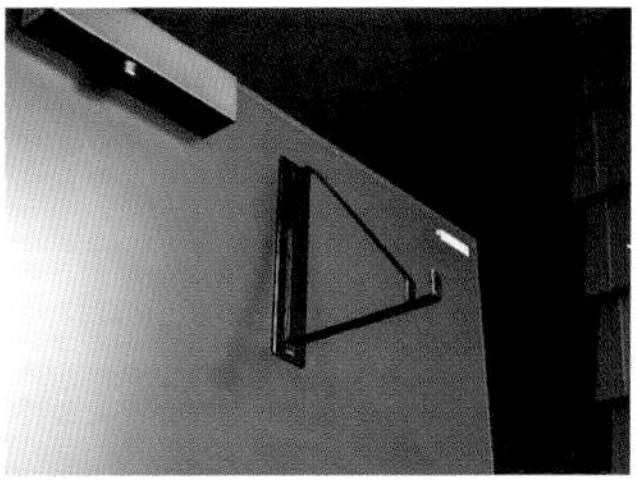

マグネットで付くハンガー。「濡れたレインコートや帽子など室内に持ち込みたくないものを干しています」

家や自転車、車の鍵はここへ。「鍵が丸見えだと不安なので、扉付きを選択。見た目もすっきりします」

ドアストッパーの先端は滑りにくいシリコン製。片足でさっとプレート部分を下ろしてドアを固定できる

マスクケース、キーフック、ドアストッパーなど玄関まわりでもマグネット収納が大活躍。「アイテム数が多くても、ドアの色に合わせて黒で統一すればうるさく見えません」

子どもの一輪車は安定感があって倒れにくいスタンドへ。「付属のフックにヘルメットも引っ掛けられます」

1

→ p103上

ポリ袋エコホルダー
タワー ホワイト

2

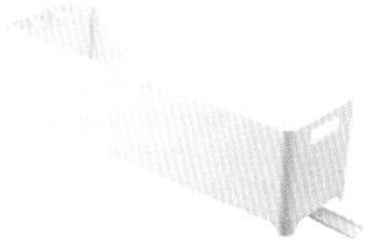

→ p101下

スリム水切りバスケット
タワー ロング ホワイト

3

＊生産終了

ウォールキッチンツールフック
タワー ホワイト

4

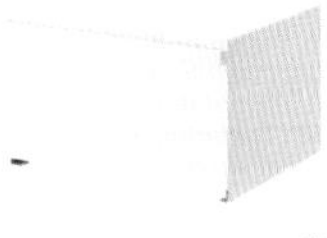

→ p106下

ブレッドケース
タワー ホワイト

5

→ p106中

密閉 袋ごと米びつ 5kg 計量カップ付
タワー ホワイト

楽してバスルームをきれいに保つには「空中収納」が最強。「シャンプーボトルも掃除道具もすべて浮かせて収納すればかび知らず。底のぬめりを掃除するストレスから解放されました」

「空中収納」なら手間をかけずに清潔な空間をキープできます

かごが2個置けるランドリーワゴン。「色物と白物の分類に活用。スチール製なので安っぽく見えません」

NANAKO さん 使用アイテム一覧

6

→ p105中

排気口カバー タワー
ブラック

7

→ p116下

ハンディーワイパースタンド
タワー ブラック

8

→ p115下

アクセサリートレー 4 段
タワー ホワイト

9

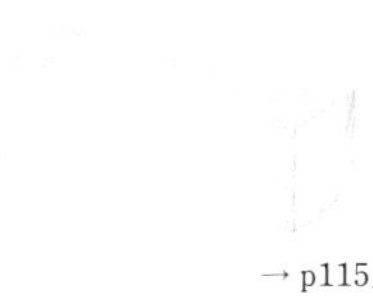

→ p115上

下駄箱中 伸縮シューズラック
フレーム ホワイト

10

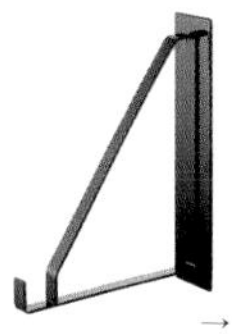

→ p111上

マグネットバスルーム
物干しハンガー タワー ブラック

11

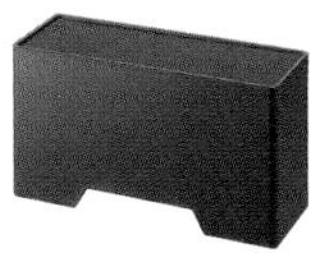

→ p115中

マグネット立体マスクホルダー
タワー ブラック

12

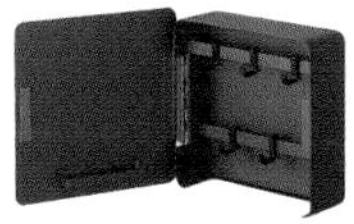

→ p114中

マグネットキーフック 2 段
タワー ブラック

13

→ p115中

マグネット折り畳みドアストッパー
スマート ブラック

14

＊生産終了

キャスターボード & キックスケーター
スタンド タワー ホワイト

15

→ p108下

マグネットバスルーム
シェーバーホルダー タワー ホワイト

16

→ p108中

マグネットバスルームラック
タワー ホワイト

17

→ p109中

マグネットツーウェイ
ディスペンサー タワー ホワイト
(シャンプー／コンディショナー
／ボディソープ)

18

→ p110下

マグネットスプレーボトル
タワー ホワイト

19

→ p113上

ランドリーワゴン + バスケット
タワー ホワイト

case example

#02

キッチンのワークトップは「使いたいものにすぐ手が届く配置」を意識。「タカラスタンダードのキッチンはマグネットが付く仕様。キッチンツールに加え、毎日の掃除に使う道具もマグネットで収納しています」

case example

#02

子どもの成長とともに変わる収納 その微調整に山崎実業は最適です

ぴょこぴょこぴさん
整理収納アドバイザー
山崎実業歴 9年
保有アイテム数 40程度
夫、9歳、6歳の娘と4人暮らし。著書に『考えない家事「ルーティン化」で心も体も自由になる!』(主婦と生活社)。
@pyokopyokop

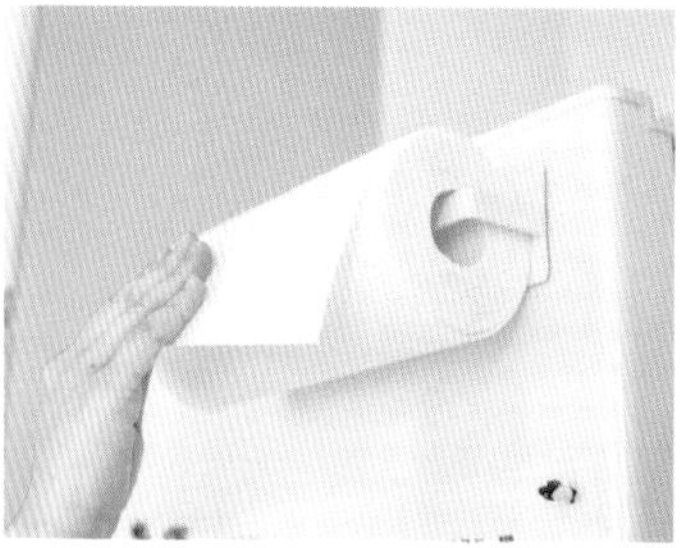

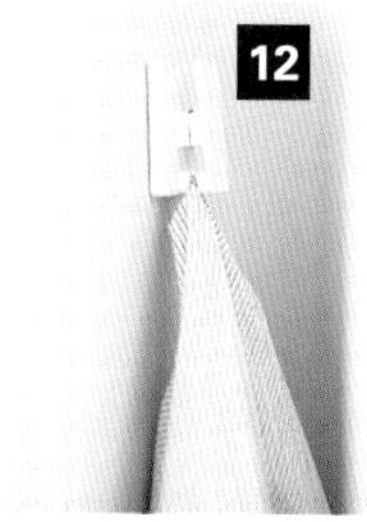

ホルダー類やクリップなど冷蔵庫でもマグネットやフィルムフックが活躍。「キッチントレーホルダーを、レシピ本のホルダーとして活用。調理中に開いておけば、本を汚さずにレシピを見られます」

マイホームを建てた9年前から山崎実業を愛用し、今では約40のアイテムを駆使して、家を整えているぴょこぴょこぴさん。

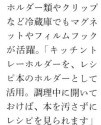

「ここに住み始めた当時は1歳だった長女も、今では小学生。子どもの成長に伴って必要なものは変わるので、収納の仕方も細かく変えていく必要がある。その調整に最適なのが、山崎実業のシリーズなんです」

微調整に向いている理由は、とにかくバリエーションが豊富なこと。

「ここの収納を見直したい、この場所にコレを置きたい……と思いつい

透明で残量がひと目でわかるスパイスボトル。「四角い形状でスペースの無駄なく収納できるのが助かります」

電子レンジの汚れ防止マット。まな板の下に敷いて滑り止めにしたり、ランチョンマット代わりにしたりと多用途で使える

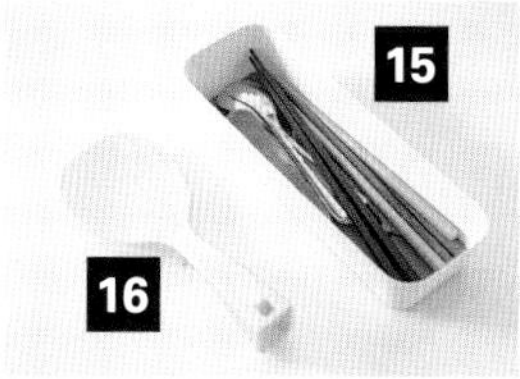

立てて置けて、横にしても先端が浮くしゃもじは衛生面でも安心。家族全員が使うカトラリーはまとめてケースごと食卓へ

食器棚に仕込んだ tower のディッシュストレージは丈夫なスチール製。「大皿をのせてもたわまずしっかり支えてくれます」

たときに、まず見るのは山崎実業のアプリ。かゆいところに手が届き、応用が利くものが多いので、必ず〝ハマるアイテム〟が見つかります」

最近買ったばかりのウォールスプレーボトルホルダーも、「トイレ内に非常用の飲用水を置きたい」と考えていた際に見つけたもの。

「トイレの上の棚に置くと子どもの手が届かないし、地震で落ちたら危ない。何かいい収納方法はないかと探していたとき、掃除用のスプレーを置くためのホルダーを発見。コレだ！　と即座に購入しました」

長く使える丈夫さも、ぴょこぴょこぴさんにとっての大きな魅力。

「10年近く使っているものもありますが、まったく壊れる気配はありません。それを考えれば納得の価格ですよね。山崎実業のアイテムとは、一生のお付き合いになりそうな予感がしています」

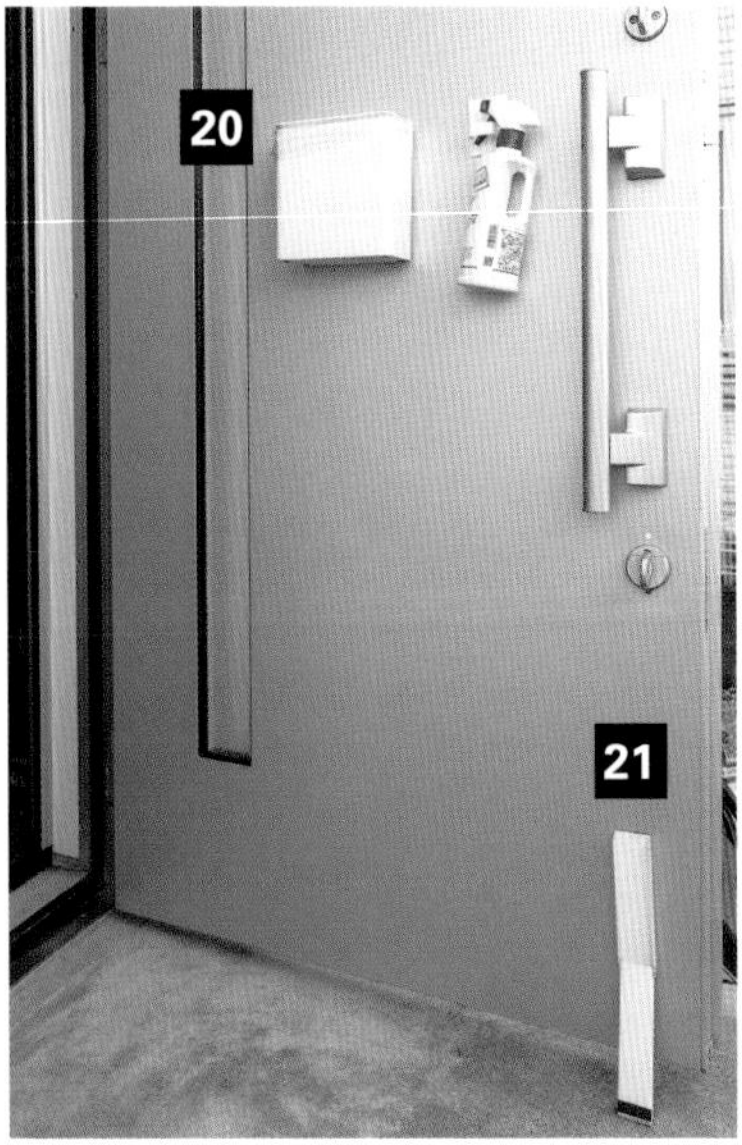

パントリーにはキッチンカートを置き、細かいものを収納。「キャスター付きで掃除のときも簡単に動かせるので、ほこりが下にたまりません。蓋が全面開いてすくいやすい米びつも愛用中」

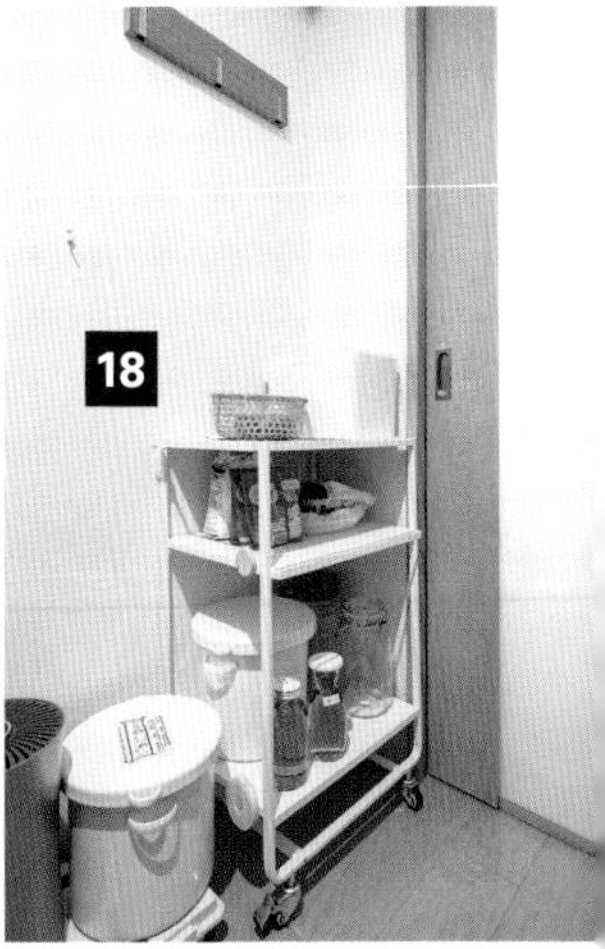

コロナ禍で必須となった衛生用品は、玄関を定位置に。「アルコールはマグネットスプレーフックに。使用済みのマスクは部屋に持ち込みたくないので、ごみ箱代わりにしている洗濯洗剤ボールストッカーへ捨てます」

「浮かせる収納」に山崎実業は最適
使いやすく、掃除もしやすくなります

サニタリーケースは木の棚に合わせてナチュラルな RIN に。「万が一トイレに閉じ込められたときに備え、ウォールスプレーボトルホルダーに飲用水を常備」

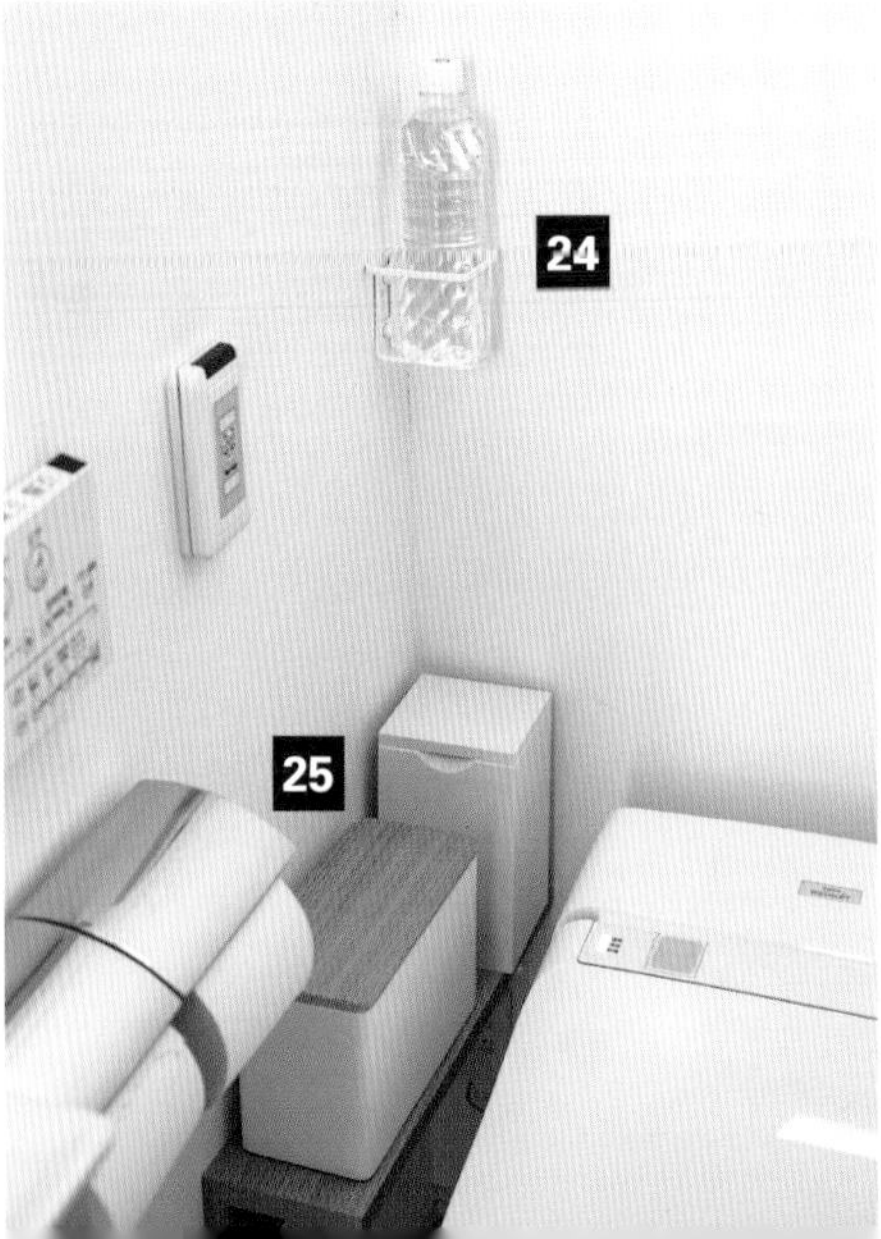

洗濯かご代わりのランドリーバッグを吊るして収納。「マグネットが強く、4 人分の洗濯物を入れてもずれません。スリムトイレ収納ワゴンは隙間収納に最適」

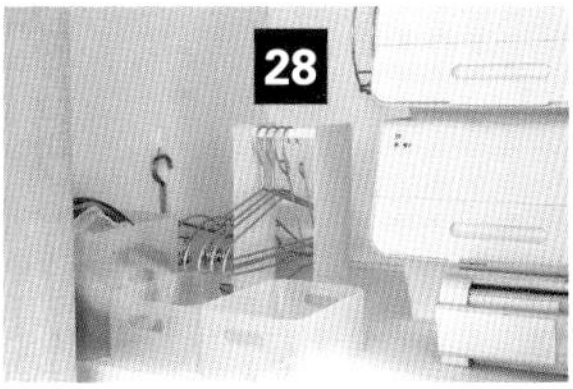

絡まりやすいハンガーも、専用ラックに掛けて整理すればすっきり。「洗濯物を干すときの小さなストレスが解消されて快適に」

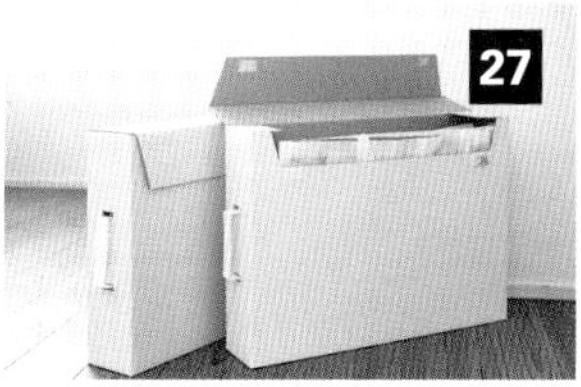

捨てたくない子どもの絵や工作は作品収納ボックスへ。持ち手付きなので、クローゼットの上段にしまっても取り出しやすい

ベランダの出入り口にラックを付け､外用サンダルを浮かせて収納。「室内に置けば、サンダルが濡れたり汚れたりせず長持ち」

仕事用のスペースでも大活躍
スペースを有効利用できます

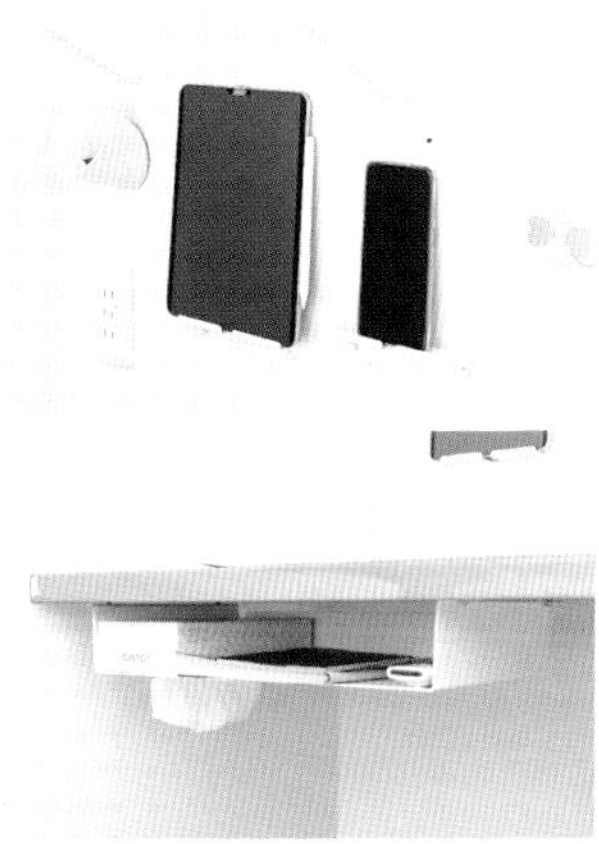

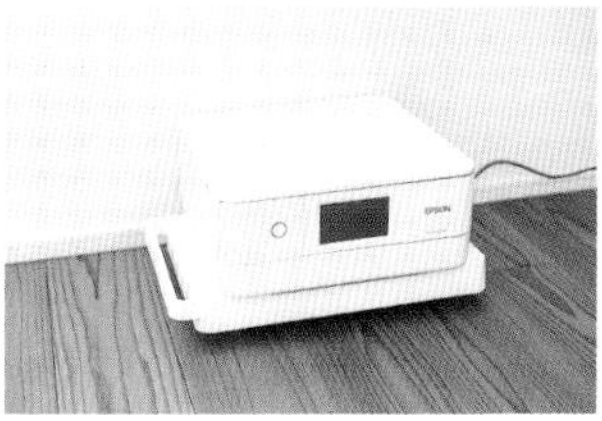

ワークスペースにも機能性の高いtowerが点在。「プリンターは台車にのせて必要なときだけ出して使用。テーブル下収納ラックは左右どちらにもティッシュを引き出す穴が付いている優れもの」

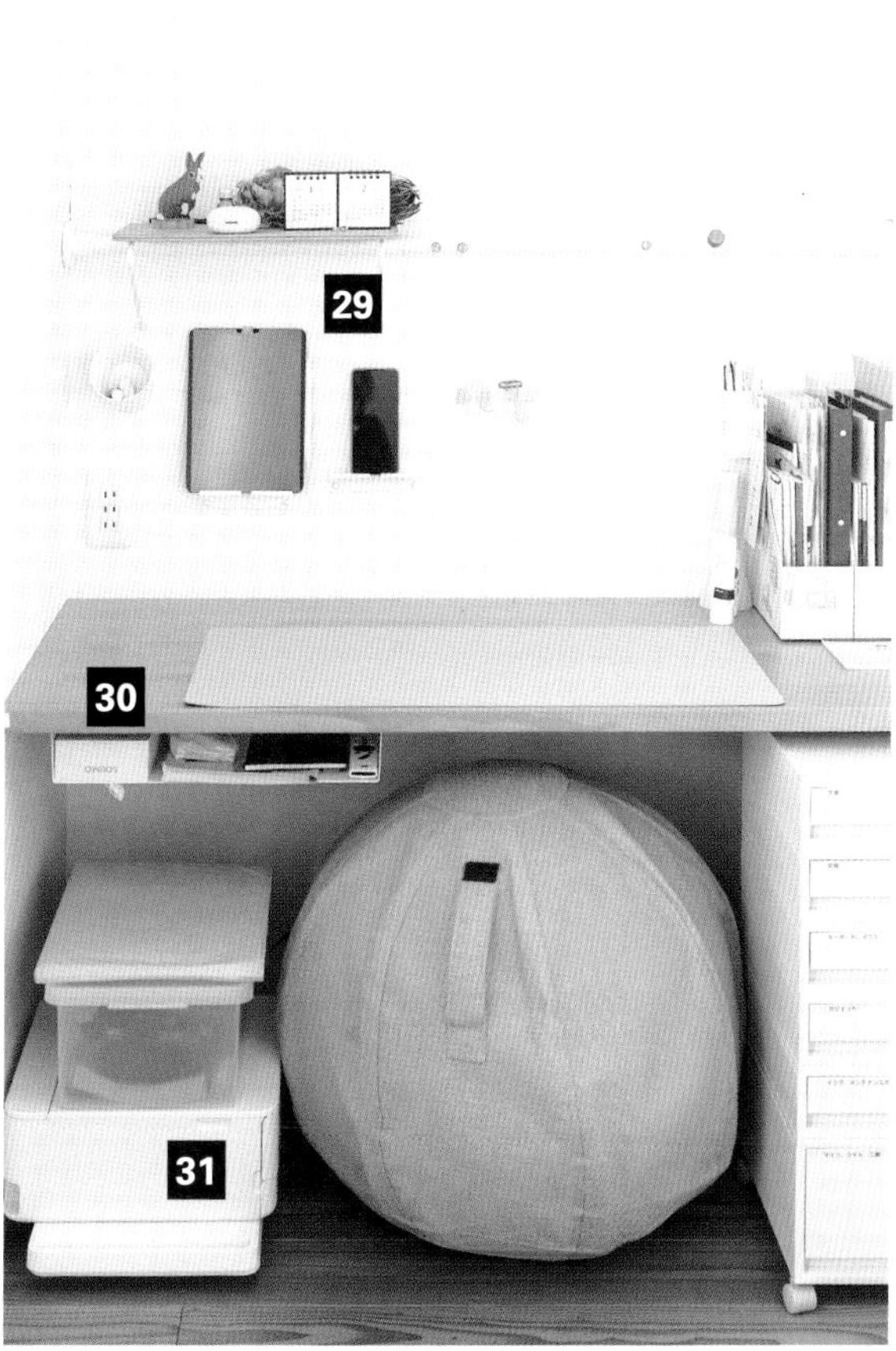

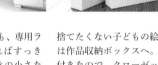

ぴょこぴょこぴさん 使用アイテム一覧

1

→ p105中

排気口カバー
タワー ホワイト

2

→ p104下

お玉＆鍋ふたスタンド
タワー ホワイト

3

→ p107上

シリコーン菜箸
タワー ブラック

4

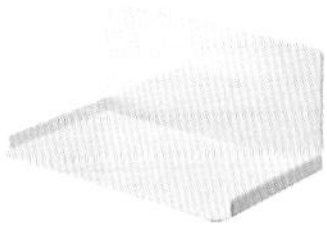

→ p105上

マグネット調味料ストッカーラック
タワー ホワイト

5

→ p103上

ポリ袋エコホルダー
タワー ホワイト

6

→ p111下

マグネットスプレーフック
タワー 2個組 ホワイト

7

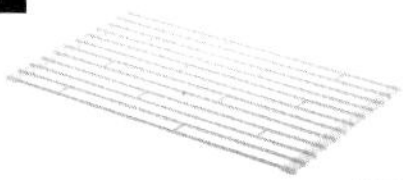

→ p101下

折り畳み水切りラック
タワー S ホワイト

8

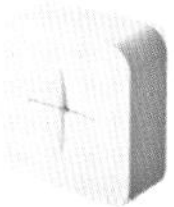

→ p111中

フィルムフック タオルホルダー
タワー ホワイト

9

→ p102中

布巾ハンガー
タワー ホワイト

10

→ p102下

マグネットキッチンペーパーホルダー
タワー ホワイト

11

→ p104上

マグネットキッチントレーホルダー
タワー 2個組 ホワイト

12

→ p111中

フィルムフック ワイドクリップ
ミスト 2個組

13

→ p106下

スパイスボトル
タワー ホワイト

14

→ p106上

ディッシュストレージ
タワー ワイド ホワイト

15

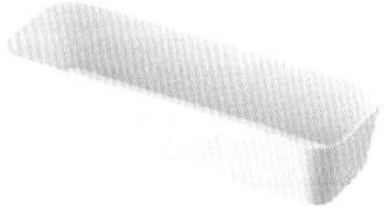

＊生産終了

カトラリーケース
タワー

16

→ p106中

立って置けるしゃもじ
タワー ホワイト

17

＊生産終了

電子レンジ庫内汚れ防止
シリコンマット タワー ホワイト

18

＊生産終了

ハンドル付きキッチンカート 3 段
タワー ホワイト

19

→ p106中

密閉 シンク下米びつ
タワー 5kg 計量カップ付

20

→ p112上

マグネット洗濯洗剤ボールストッカー
タワー ホワイト

21

→ p115中

マグネット折り畳みドアストッパー
スマート ホワイト

22

→ p113上

マグネット
ランドリーバスケットホルダー
タワー 2 個組 ホワイト

23

＊生産終了

スリムトイレ収納ワゴン
タワー ホワイト

24

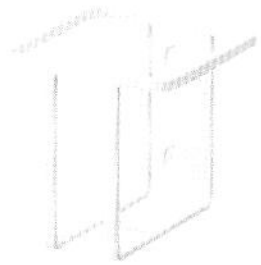

→ p112下

ウォールスプレーボトルホルダー
タワー ホワイト

25

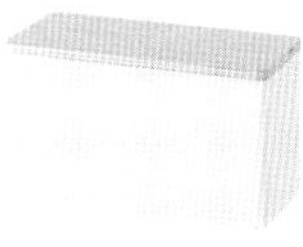

→ p113中

サニタリー収納ケース
リン ナチュラル

26

→ p115上

ツーウェイベランダスリッパラック
タワー ホワイト

27

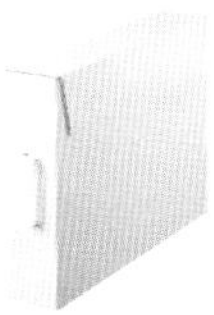

→ p117上

作品収納ボックス
タワー 2 個組 ホワイト

28

→ p112中

ハンガー収納ラック
タワー ホワイト

29

→ p117中

ウォール スマートフォンホルダー
タワー ホワイト

30

→ p100下

テーブル下収納ラック
タワー ホワイト

31

→ p100中

台車 タワー ホワイト

case example

#03

リビングダイニングの大きな窓は区の保存林に面しており、借景が楽しめる。お気に入りの丸テーブルとシャンデリアはH.P.DECOにて10数年前に購入したもの。右奥のライティングビューローは在宅ワーク用

1
2

case example

#03

リビングの黒、水まわりの白 実用性と趣味性の間を埋める存在

RINのティッシュケースは上部にウェットティッシュと目薬を収納。スチールの質感が良い

towerの台車には観葉植物をのせて、日中は日の当たる窓際まで移動させている

子どものランドセルをどこに置こうかと考えていたときに出会ったのがランドセルスタンド。土台部分に重みがあり、転倒しない

築40年のヴィンテージマンションに暮らすOは、コロナ禍で在宅勤務をするうちに、山崎実業の魅力に気がついたと言います。

「家に長い時間いると細かな〝不便〟が気になって収納グッズを買うことが増えました。そんな中でなんとなく買ったものが山崎実業の製品だったことが続いたんです。もちろんその存在は知っていましたが、強く意識するようになりました」

Oが好む家具はイギリスやフランスのヴィンテージです。マンションの雰囲気にもよくなじんではいるも

本書担当編集 S.O

編集者

山崎実業歴 3年

保有アイテム数 40程度

お菓子作りと少女マンガを愛する40代男。インテリアはヨーロッパのヴィンテージものを多く愛用している。妻子と都内で3人暮らし。

スピーカーや電話などの電化製品もデザイン性の高いものを選んでいるが、プロバイダからあてがわれる不格好なルーターが悩みのタネだった。Wi-Fi は高い場所に置いたほうが電波が広がりやすくなるので、下のほうに隠すわけにもいかない。ルーター収納ケースはそんな悩みを解消してくれた

のの、実用性という面ではいま一歩。そこにあった「不便」を解決してくれたのが、山崎実業でした。

「シンプルで洗練されたデザインはどんなインテリアにも親和性がありますし、白と黒を使い分ければより合わせやすくなります。質感に高級感があるのもいいんです」

リビングでは落ち着きある黒、水まわりではタイルなどの色に合わせて白を使うことが多いそう。

「タワーだけでなく、トスカやリンの木目をたまに挟んでいくと、ドライになりすぎず、よりよくなじむように思います」

山崎実業によって、特にキッチンの使い勝手が向上したと言います。

「キッチンはビジュアルと実用性がせめぎ合う場所。どちらも捨てたくはない私にとって、山崎実業の製品は、その間を埋めてくれる、最適なアイテムだったんです」

自分が編集した本やお気に入りの料理本のまわりに、箸やカトラリーなどを山崎実業のケースに収納。引き出しなどがないので重宝している

上・大理石のプレート近辺はペストリー用のスペース。ラックに製菓道具やはかりなどがまとまっている。左・冷蔵庫に入れる必要がない野菜はストッカーに

作業スペースを確保するためにも
山崎実業でスペースを有効利用しています

食洗機の横にあるのは洗濯洗剤ボール用のストッカー。食洗機用の洗剤が入っている

長いこと置き場所に悩んでいたジップロックにもついに安住の地が。ポリ袋、キッチンペーパー、ふきん、包丁などもここに収め、密度が高いスペースに

古いマンションなのでキッチンは縦長の独立型。冷蔵庫横をマグネット系のアイテムで収納を充実させることで、作業スペースを広く確保している

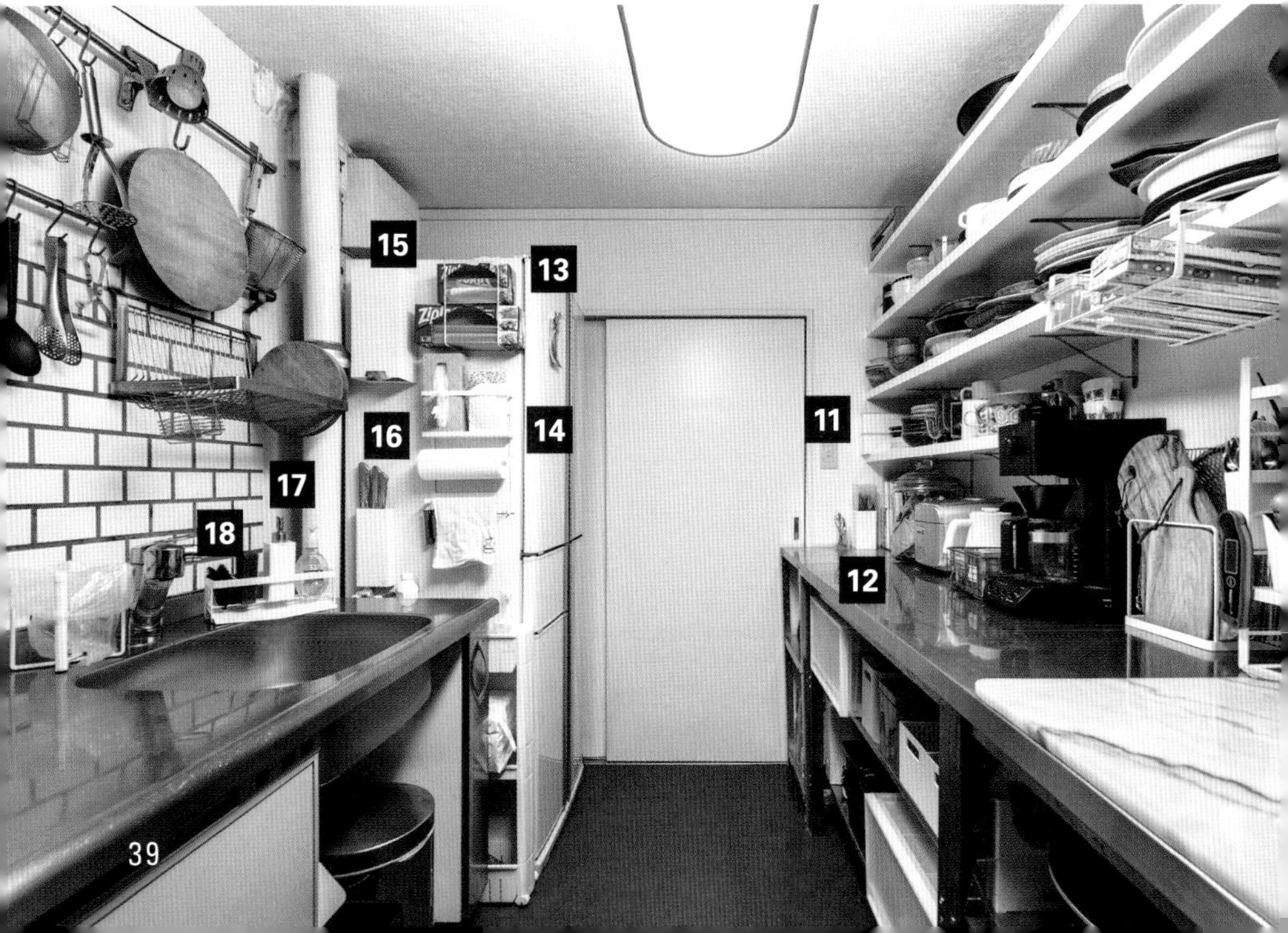

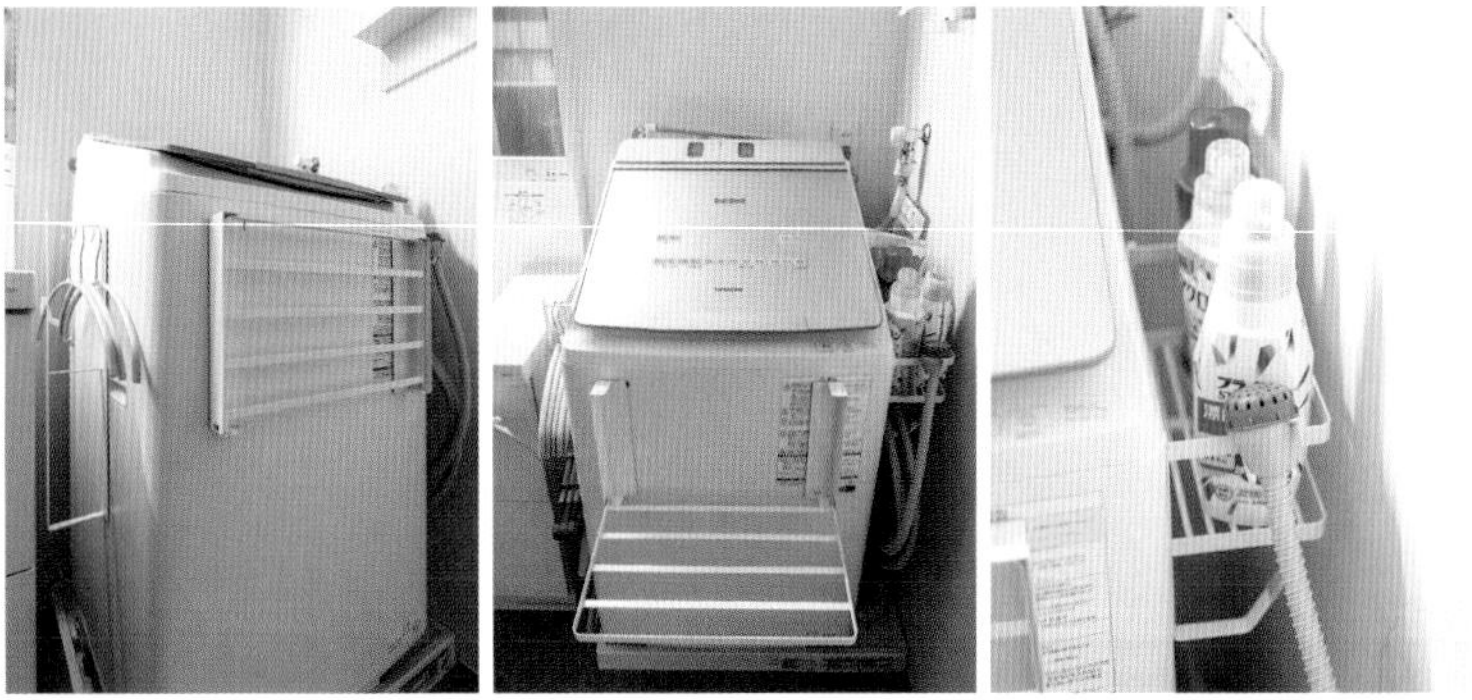

左サイドにハンガー、右サイドにホースホルダー付きのマグネットラック。たまたま洗濯機をドラム式から縦型に買い替えたタイミングだったので、正面にちょい置き用の折り畳み棚も設置できた

上下段にたっぷり入るランドリーワゴン。下段のバスケットが非常に取りやすく、そのまま洗濯物を洗濯機に入れられる

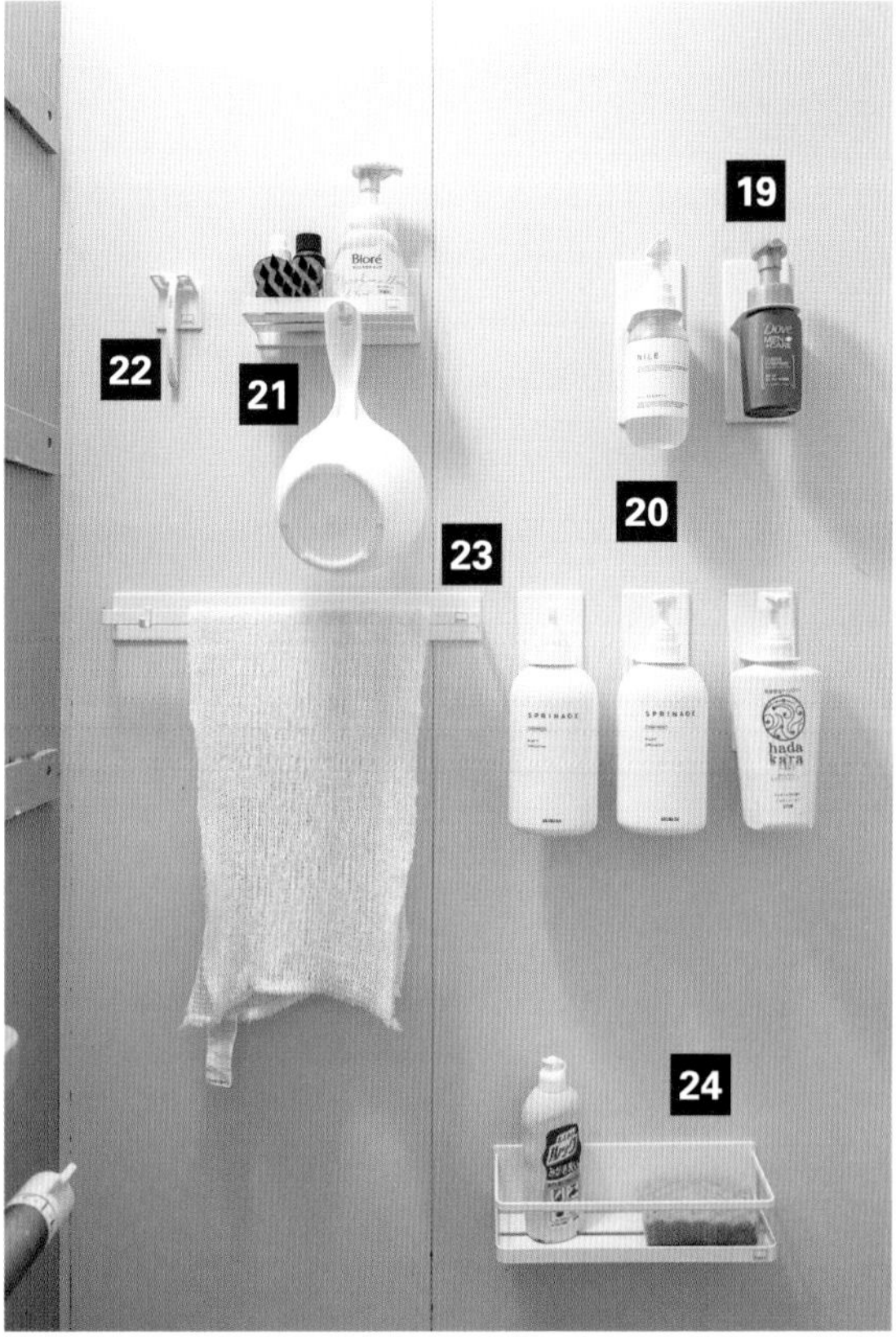

浴室の壁面にはマグネットアイテムがずらり。「これずっとやってみたかったんです」とO。使用する人の身長に合わせて置き場所を調整できるのも良いところ

置き場所に困るハンガーもすっきり 洗濯機まわりは絶好の収納スペース

キッチンの次に山崎実業密度が高い洗面所・浴室。洗濯機まわりに洗濯用品をまとめることで格段に使いやすくなった

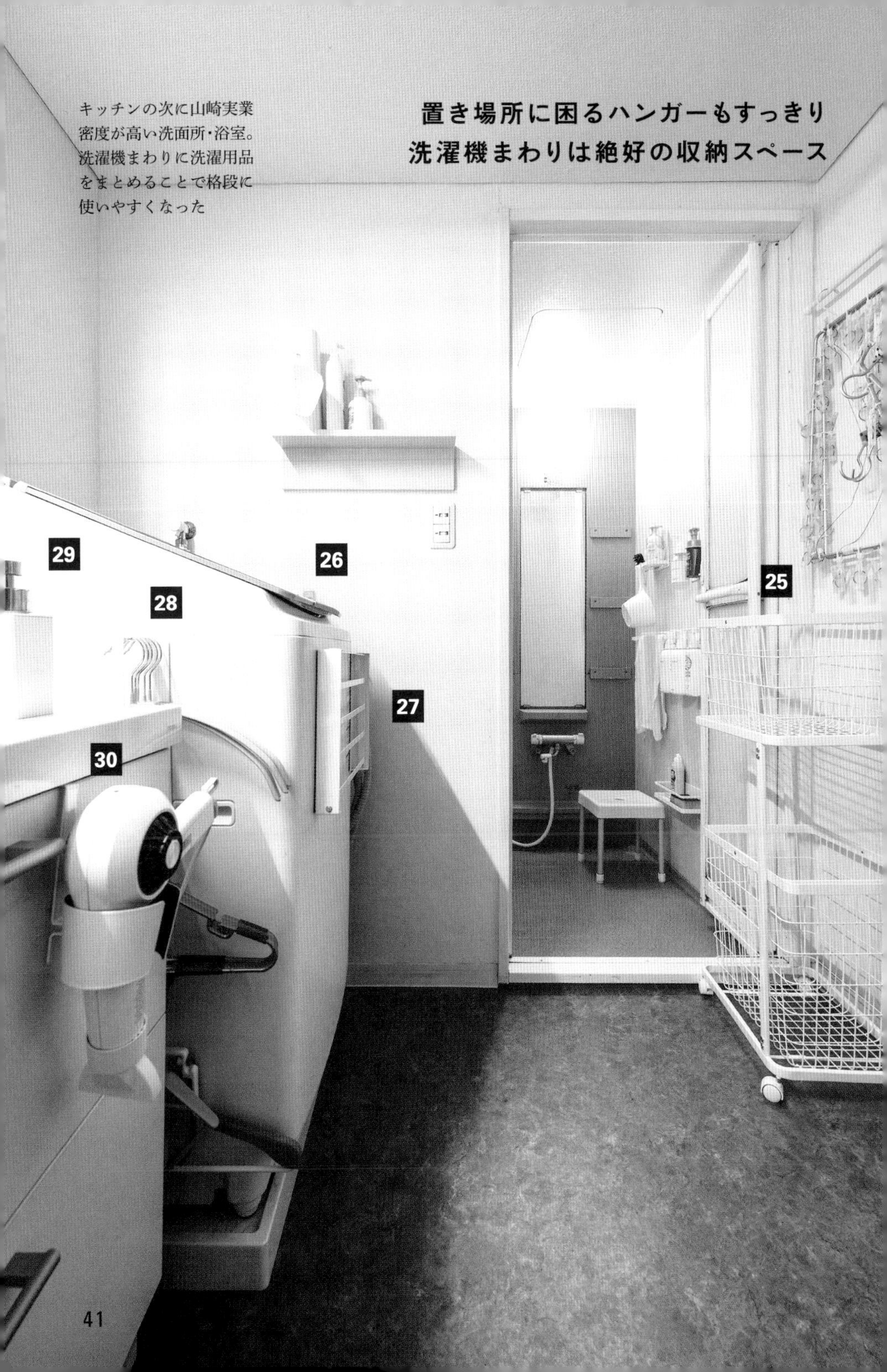

本書担当編集 S.O 使用アイテム一覧

1

→ p100上

ティッシュ＆ウェットシートケース
リン ブラウン

2

→ p100中

台車 タワー ブラック

3

→ p117上

ランドセルスタンド
スマート ブラック

4

→ p117中

重ねられる
スリム蓋付きルーター収納ケース
スマート ロング ブラック

5

→ p103上

ポリ袋エコホルダー
タワー ホワイト

6

→ p112上

マグネット洗濯洗剤ボールストッカー
タワー ホワイト

7

→ p105下

シンク上キッチン収納ラック
プレート ホワイト

8

→ p103下

戸棚下収納ラック
タワー L ホワイト

9

→ p104下

トレースタンド
タワー ホワイト

10

→ p104下

ベジタブルストッカー
タワー ホワイト

11

→ p107下

蓋付きカトラリーケース
リン ロング ナチュラル

12

→ p107下

蓋付きカトラリースタンド
タワー ホワイト

13

＊生産終了

マグネットフリーザーバッグホルダー
タワー ホワイト

14

→ p104上

マグネット冷蔵庫サイドラック
タワー ホワイト

15

→ p104上

ツーウェイレジ袋ストッカー
タワー ホワイト

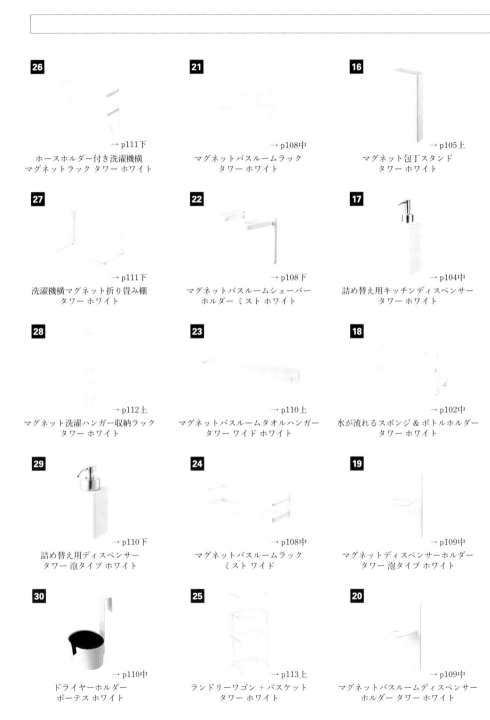

16

→ p105上

マグネット包丁スタンド
タワー ホワイト

17

→ p104中

詰め替え用キッチンディスペンサー
タワー ホワイト

18

→ p102中

水が流れるスポンジ＆ボトルホルダー
タワー ホワイト

19

→ p109中

マグネットディスペンサーホルダー
タワー 泡タイプ ホワイト

20

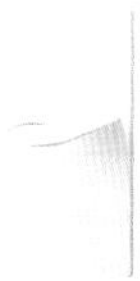

→ p109中

マグネットバスルームディスペンサー
ホルダー タワー ホワイト

21

→ p108中

マグネットバスルームラック
タワー ホワイト

22

→ p108下

マグネットバスルームシェーバー
ホルダー ミスト ホワイト

23

→ p110上

マグネットバスルームタオルハンガー
タワー ワイド ホワイト

24

→ p108中

マグネットバスルームラック
ミスト ワイド

25

→ p113上

ランドリーワゴン＋バスケット
タワー ホワイト

26

→ p111下

ホースホルダー付き洗濯機横
マグネットラック タワー ホワイト

27

→ p111下

洗濯機横マグネット折り畳み棚
タワー ホワイト

28

→ p112上

マグネット洗濯ハンガー収納ラック
タワー ホワイト

29

→ p110下

詰め替え用ディスペンサー
タワー 泡タイプ ホワイト

30

→ p110中

ドライヤーホルダー
ボーテス ホワイト

case example #04

所狭しと tower のアイテムが並んだ「山崎実業マニア」らしさにあふれるキッチン。「決して広くはない賃貸のキッチンなので、ものの定位置をしっかり決めて出しっぱなしを防ぎ、散らからないようにしています」

床置きゼロのバスルームは見た目すっきりで掃除も楽。「tower のアイテムを駆使して白で統一することで、賃貸の部屋でもホテルライクなバスルームに。触れてもずれないマグネットの強度はさすが山崎実業！」

case example

#04

費やした金額は10万円以上！ 賃貸でこそ活きる山崎実業の長所

うまさん

山崎実業“tower”マニア

山崎実業歴 6年

保有アイテム数 50程度

福島県在住の21歳。1LDKの賃貸でパートナーと2人暮らし。towerを使って暮らしを快適にするアイデアをInstagramで提案。

@uma_kurashi

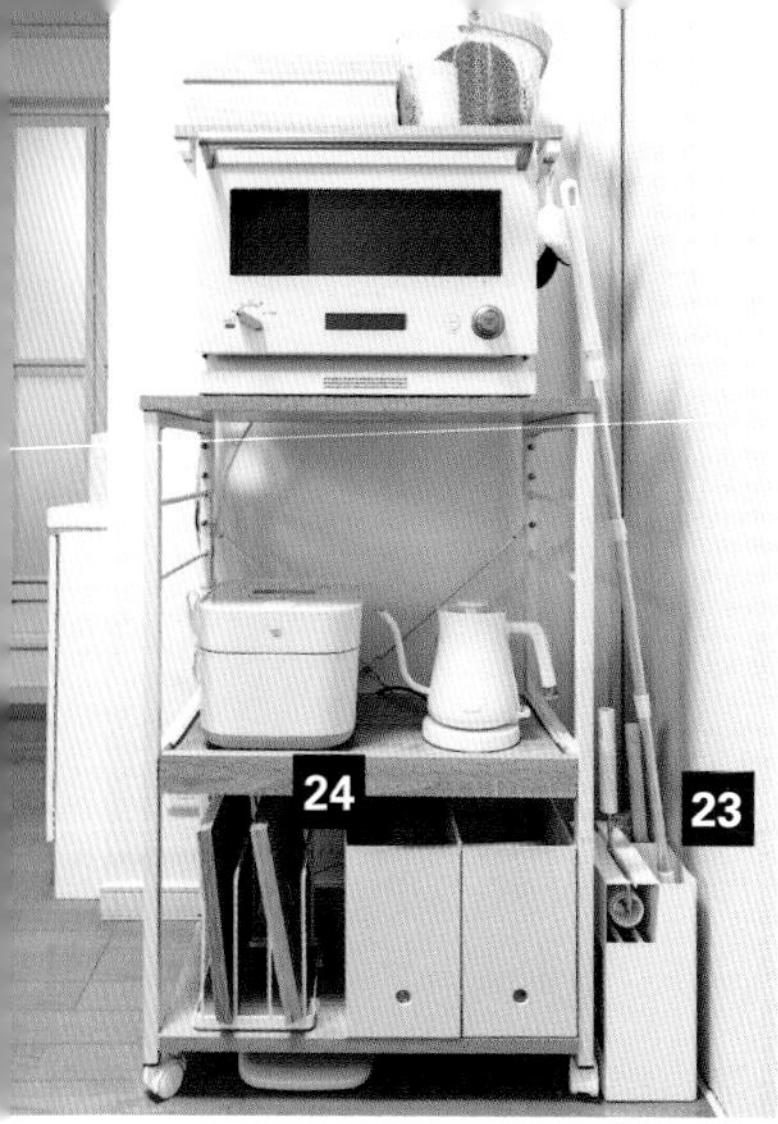

キッチンに作り付けの収納が少ないため、ワゴンを置いて収納力をアップ。「レンジや炊飯器、ケトルなどの家電はここへ。隙間にはフローリングワイパーやカーペットクリーナーを収納しています」

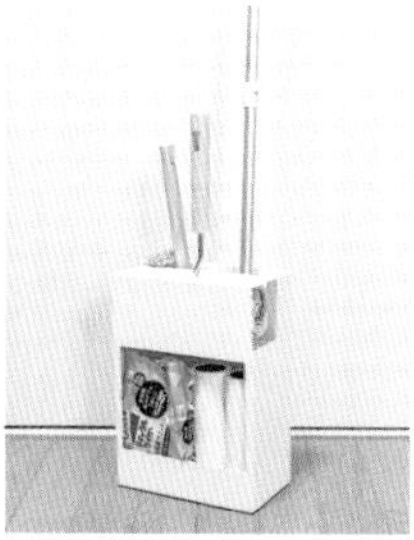

クリーナーツールオーガナイザーは掃除用品を1か所に集約できる便利アイテム。シンプルなデザインも良い

「うっかりレンジ内で液体をこぼしたときも、シリコンマットを敷いておけばさっと拭くだけで汚れが落ちます」

意外と置き場所に困るキッチントレーも、専用のスタンドがあればすっきり。立てる収納なので取り出しやすい

「山崎実業マニア」として、インスタグラムでタワー製品のレビューを発信しているうまさん。高校生時代にトスカのアクセサリートレーを買ったのをきっかけに、山崎実業のデザイン性や機能性の高さに魅了され、これまで総額10万円以上は山崎実業に費やしてきたそう。

「現在、自宅で使っているアイテムは45個程度ですが、勤務先でも黒のタワーを愛用しています。買い替えたものもあるので、使ったことのあるアイテムは倍以上。気になるものを見つけたらすぐに購入し、よかっ

もともとの壁にはマグネットが付かないため、スチールパネルを導入して“マグネットコーナー”を作製。「調理中も片手でさっと塩やこしょうなどを取り出せます」

省スペースのため水切りかごをやめて畳める水切りラックに変更。「狭くても圧迫感がありません」

扉裏のデッドスペースを活かしてごみ袋や掃除道具を掛けられるホルダー。表側にはキッチンタオルを掛けられる。「シンク下のラックは2つ並べた無印良品のファイルボックスと幅がぴったり」

たものをインスタで紹介しています。マニアとして、いつかは山崎実業の商品開発に携わるのが夢です」

　山崎実業の魅力は、ほかにはない角度から暮らしを支えてくれること。「中には、珪藻土マット専用の持ち上げフックなど、『本当に使うの？』と突っ込まれるようなピンポイントなアイテムもありますよね（笑）。そんなところも、むしろ収納好きにとってはたまらないんです」

　現在、古い1LDKの賃貸アパートで暮らすうまさんですが、賃貸特有の狭さを解消するうえでも、タワーは強い味方になっています。「自分好みに設計できる持ち家と違って、賃貸はスペースに余裕がなかったり、動線や収納が使いづらい場合も多いですよね。そこを使いやすく整えてくれるのが、タワーのアイテム。賃貸暮らしの人にこそ、強くおすすめしたいです」

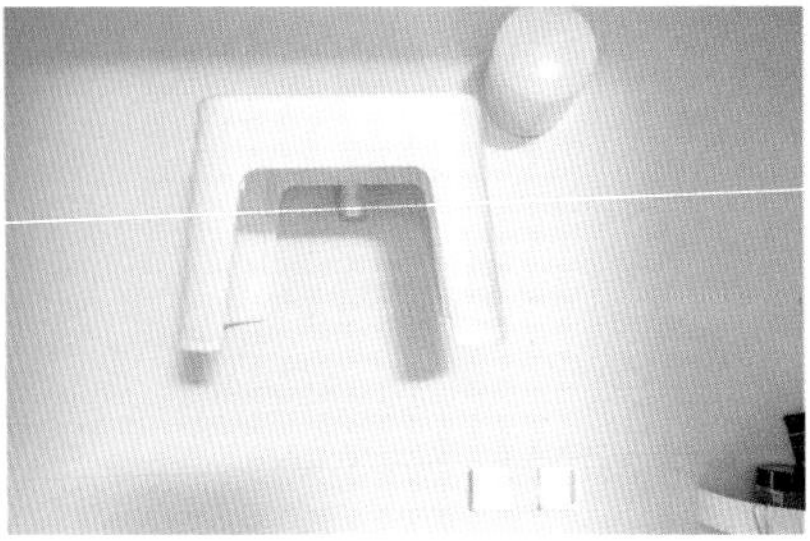

風呂イスはシャワーフックに引っ掛け収納。「物干し竿やタオルバー、扉の取っ手などいろいろな場所に掛けられるのが画期的」

すっきり整ったバスルームなら半身浴タイムも充実

使わないときは畳んでおけるバストレーは、飲みものや本の一時置きに。正面にはタブレットホルダーを付けてバスタイムを楽しむ

珪藻土マットを持ち上げるためのフック。「床から持ち上げにくい……という地味なストレスから解放されました」

バスルームのマグネット収納だけで、これだけバリエーションがあるのがtowerのすごさ。「シェーバー、洗顔フォームと、アイテムごとにぴったりのグッズが揃います」

洗面台はフィルムフックで浮かせる収納に。歯磨き粉チューブホルダーは最後まで中身を使い切れるのが良い

アクセサリートレーは北欧風のtoscaをセレクト。「木の素材がナチュラルなインテリアによくなじみ、出しっぱなしでもおしゃれな雰囲気に」

2つ並べた室内干しハンガーにポールを渡し､物干しスペースに。ねじで固定するだけなので賃貸でも使用可

リラックス空間である寝室はインテリア性を重視。「towerのスタイリッシュなラダーハンガーは置くだけで様になります。通勤用バッグはクローゼットの扉に掛けたハンガーへ」

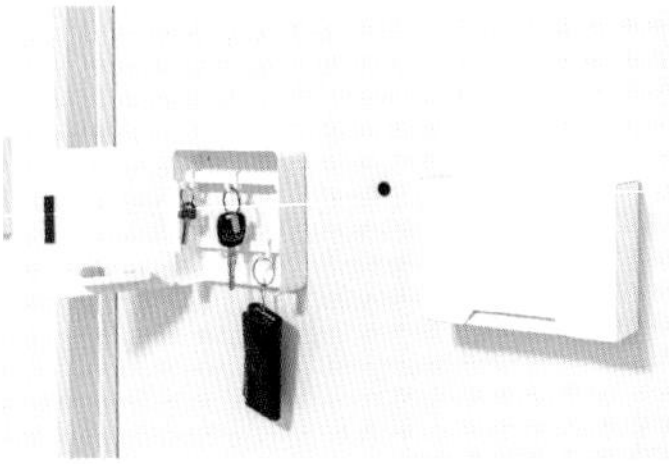

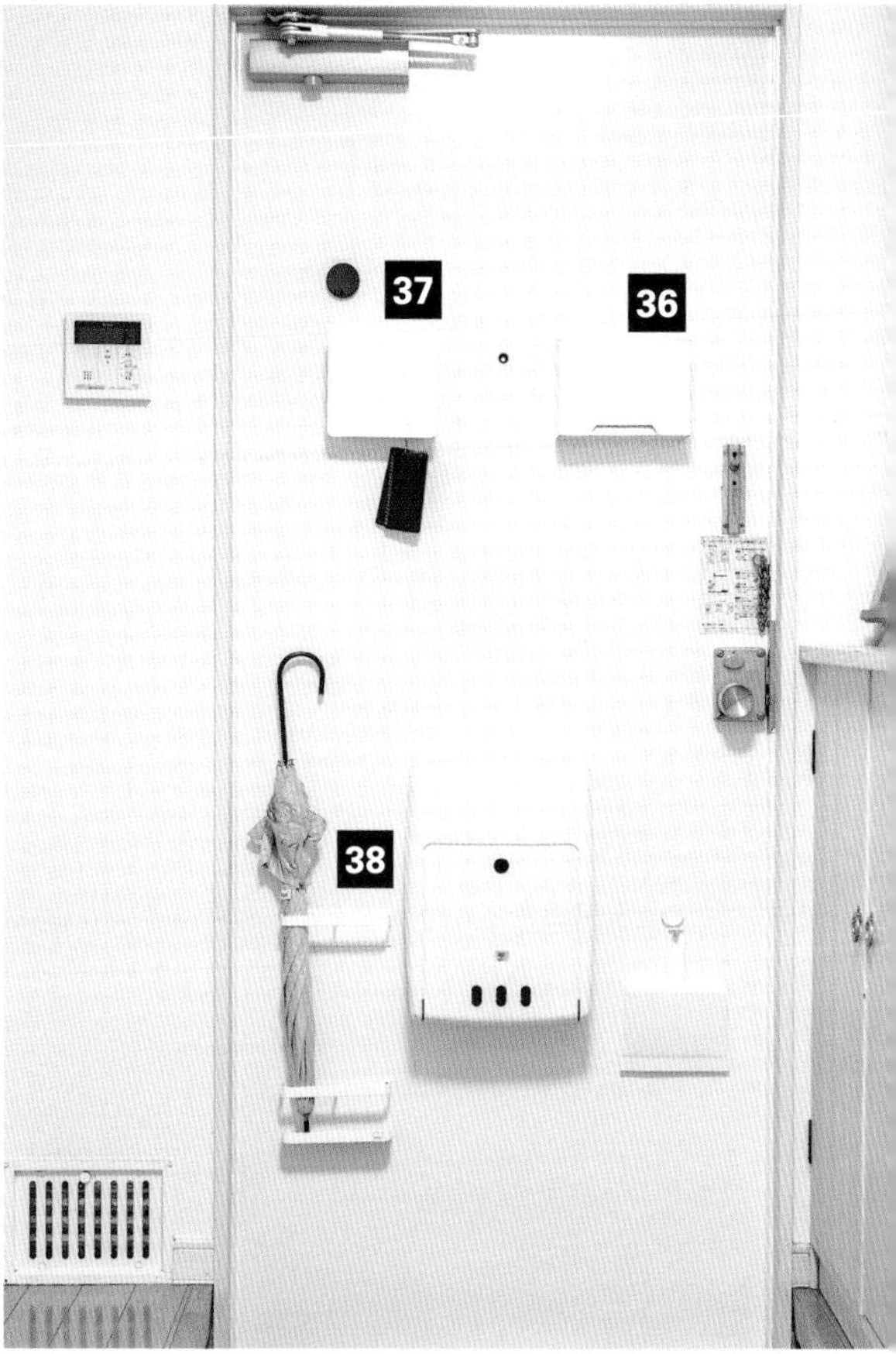

玄関が狭いのも賃貸ならではの悩み。「印鑑や鍵はマグネットキーフックへまとめています。マスクや傘もドアに貼れば場所をとりません」

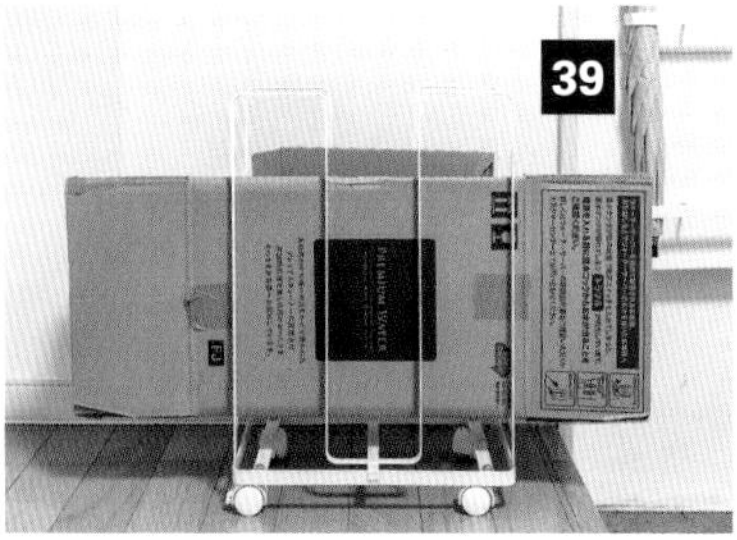

ダンボールは玄関に置いたストッカーにまとめる。「置いたままひもを通して縛れるので、捨てるのが面倒じゃなくなりました」

決して広くない
賃貸だからこそ
機能的な
tower が活躍します

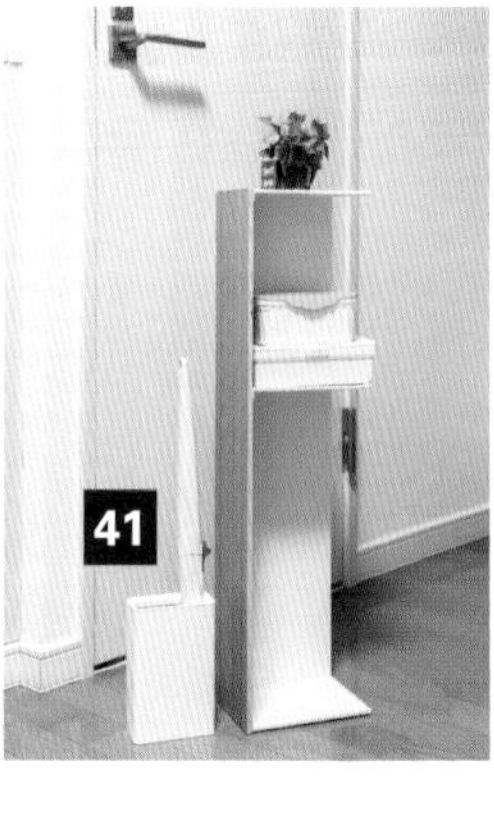

生活感が出るトイレットペーパーや掃除道具は RIN のラックへ。「トイレの一角に置いてもじゃまにならないサイズ。流せるトイレブラシも専用のケースに入れればスマートです」

うまさん 使用アイテム一覧

1

→ p107中

マグネットスパイスボトル
タワー ホワイト

2

→ p107中

マグネット小麦粉 & スパイスボトル
タワー ホワイト

3

→ p107中

マグネットプッシュ式醤油差し
タワー ホワイト

4

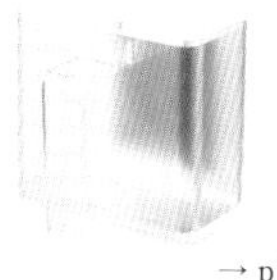

→ p105上

マグネット調味料ストッカー
タワー ホワイト

5

→ p104中

キッチン自立式スチールパネル
タワー 縦型 ホワイト

6

→ p104下

お玉 & 鍋ふたスタンド
タワー ホワイト

7

→ p103中

片手でカットマグネットキッチン
ペーパーホルダー タワー ホワイト

8

→ p101下

折り畳み水切り タワー
シリコーントレー付き L ホワイト

9

→ p103下

シンク扉ゴミ袋ホルダー
タオルハンガー付き タワー ホワイト

10

→ p103中

シンク扉タオルホルダー
タワー ホワイト

11

→ p103上

蛇口にかけるスポンジホルダー
タワー ホワイト

12

→ p105中

片手で出せるディスペンサー
タワー ホワイト

13

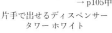

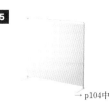

→ p103上

ポリ袋エコホルダー
タワー ホワイト

14

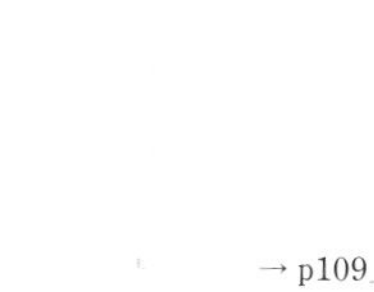

→ p109上

マグネット水切りワイパー
タワー ホワイト

15

→ p110下

マグネット スプレーボトル
タワー ホワイト

うまさん 使用アイテム一覧

16

→ p109中

マグネットツーウェイディスペンサー
タワー ホワイト
（シャンプー／コンディショナー
／ボディソープ）

17

→ p110上

マグネットバスルームフック
タワー ホワイト

18

→ p109下

マグネットバスルーム
シェーバーフォーム＆
シェーバーホルダー タワー ホワイト

19

→ p109下

マグネットバスルームチューブ
＆ボトルホルダー タワー M
ダブル ホワイト

20

→ p109下

マグネットバスルームチューブ
＆ボトルホルダータワー M
ホワイト

21

→ p108上

引っ掛け風呂イス
タワー ホワイト

22

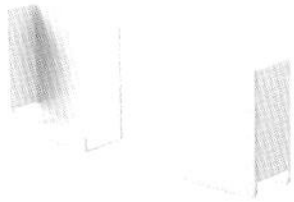

→ p109上

マグネットタブレットホルダー
タワー ホワイト

23

→ p117中

クリーナーツール オーガナイザー
タワー ホワイト

24

→ p104下

トレースタンド
タワー ホワイト

25

＊生産終了

電子レンジ庫内汚れ防止
シリコンマット タワー ホワイト

26

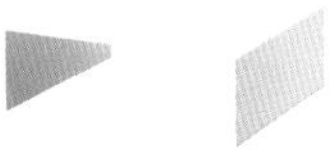

→ p106上

収納ボックス下収納ラック タワー
2個組 ホワイト

27

→ p111上

マグネットバスルーム折り畳み棚
タワー ホワイト

28

→ p110下

詰め替え用ディスペンサー タワー
泡タイプ ホワイト

29

→ p111中

フィルムフック 歯磨き粉チューブ
ホルダー タワー ホワイト

30

→ p110中

フィルムフック マグネット
タンブラー タワー ホワイト

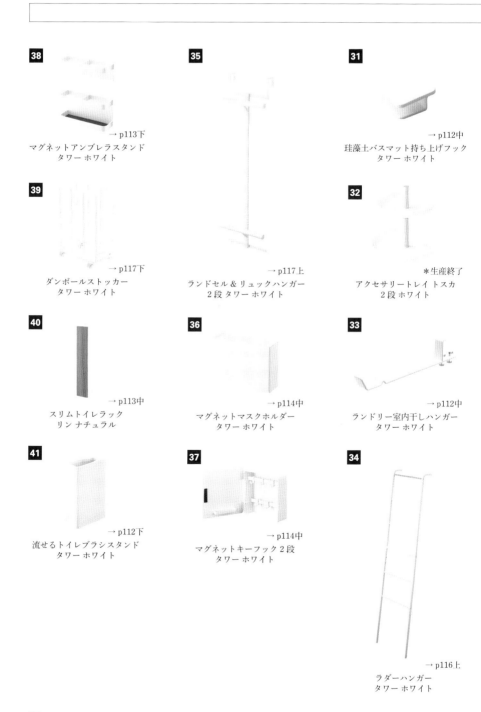

31

→ p112中

珪藻土バスマット持ち上げフック
タワー ホワイト

32

＊生産終了

アクセサリートレイ トスカ
2段 ホワイト

33

→ p112中

ランドリー室内干しハンガー
タワー ホワイト

34

→ p116上

ラダーハンガー
タワー ホワイト

35

→ p117上

ランドセル＆リュックハンガー
2段 タワー ホワイト

36

→ p114中

マグネットマスクホルダー
タワー ホワイト

37

→ p114中

マグネットキーフック2段
タワー ホワイト

38

→ p113下

マグネットアンブレラスタンド
タワー ホワイト

39

→ p117下

ダンボールストッカー
タワー ホワイト

40

→ p113中

スリムトイレラック
リン ナチュラル

41

→ p112下

流せるトイレブラシスタンド
タワー ホワイト

case example #05

黒と茶をベースに、生活感をできるだけ排除したスタイリッシュな近藤さんの部屋。「ほこりを取るのが面倒なので飾りは最小限。ところどころにグリーンを置けば、色を絞っても寂しくはなりません」

case example

#05

重厚感ある黒は山崎実業の特徴 機能的でも生活感は出ない

近藤こうこさん

女性の暮らし研究家

山崎実業歴 7年

保有アイテム数 15程度

夫、2人の息子と4人暮らし。暮らしと体を整えることをライフワークとし、その暮らし術をブログやSNSで発信する。

「暮らしの美活」

https://borganize.exblog.jp

「とにかく生活感を出したくないならモノトーンのアイテムが必須です」という近藤こうこさんにとって、理想のインテリアを叶えるために欠かせないのが、山崎実業のタワーシリーズです。

「今でこそ100均でも黒のアイテムは珍しくないけど、私が家を整え始めた7年前、黒の雑貨はほとんど見当たらなくて……。特にキッチンまわりは、カラフルな原色や白のかわいらしいものばかり。大理石を基調に、家電も黒で揃えたわが家のキッチンには合わないんです」

飲みもの専用の冷蔵庫の上にはブレッドケースを置いてグラスを収納。扉の裏には宅配メニューなどをマグネットで貼り付け

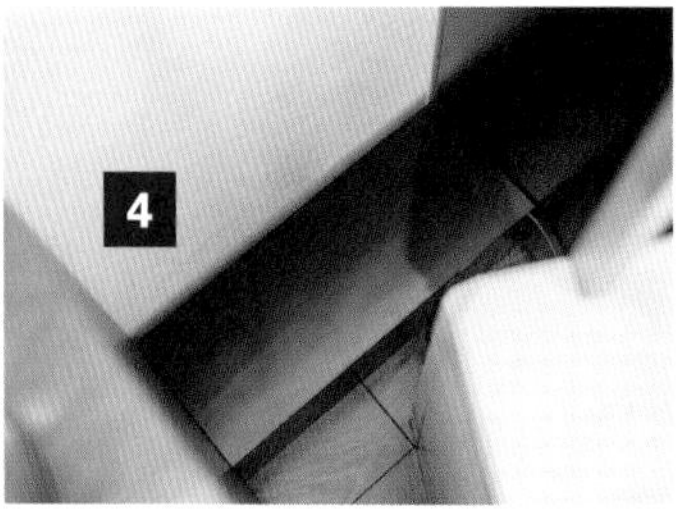

雑多に見える電源タップやコード類はまとめてケーブルボックスの中へ。ここでも部屋になじむ黒をセレクト

息子の机に置いた小さなごみ箱は実はバスルーム用。「卓上でじゃまにならないサイズなんです。色はデスクライトや小物と合わせて黒で統一しました。シンプルなデザインで、本人も気に入っているようです」

甘すぎず、大人っぽいシンプルなデザインのものを求めてネットで探した末に、ようやく見つけたのがタワーの黒でした。
「ただし黒いだけではダメで、質感も重要。同じ黒でも光沢があると安っぽく見えるし、手の指紋や汚れが目立ちやすいんです。その点、タワーはマットな素材で高級感があるし、汚れも付きにくい。気がつけばキッチン雑貨のほとんどがタワーのアイテム。長年使っても壊れない丈夫さも気に入っています」

手間をかけずに部屋をすっきり保つには、「掃除がしやすいアイテムを選ぶことも重要」と近藤さん。
「山崎実業のアイテムはシンプルなデザインなので、さっと拭くだけできれいになるし、ほこりもたまりにくい。見た目だけでなく、機能性も兼ね備えているからこそ、普段使いにぴったりなんです」

意外と少ない黒の生活雑貨
汚れが目立たず、掃除もしやすい
山崎実業製品はありがたい存在

大理石のタイルと黒の tower シリーズが調和したスタイリッシュなキッチン。炊飯器や電子レンジなどの家電も黒にこだわって統一している

5kg の袋ごと入れられる米びつ。「使いやすいものが見つからず、探し抜いた末にたどり着いたアイテム」

レンジフードには使用頻度の高い塩・こしょうをマグネットで貼り付け。「コンロ前に立ったまま手が届きます」

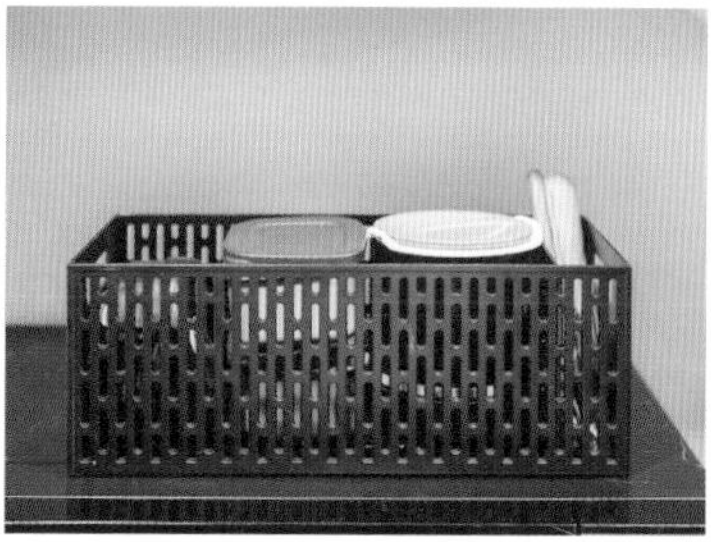

毎日使うお弁当グッズはしまい込まずストッカーにまとめてレンジ上へ。細部まで黒で統一することで見た目もすっきり

キッチンと同様、ホテルライクなバスルームには黒の tower が好相性。「ポールに引っ掛けられる風呂イスは掃除の手間を減らしてくれる画期的なアイテムでした！」

グラススタンドやポリ袋ホルダーなどシンクまわりでも水あかの付きにくいtowerが活躍。「スポンジ＆ボトルホルダーは水がたまらない設計で清潔に保ちやすいのが魅力です」

「最初に買った山崎実業」というタオルハンガー。「7年以上使っても壊れる気配はありません」

近藤こうこさん 使用アイテム一覧

1

→ p101上

蓋付きペーパータオルケース
タワー ブラック

2

→ p106下

ブレッドケース
タワー ブラック

3

→ p101上

蓋付きティッシュケース
リン L ブラウン

4

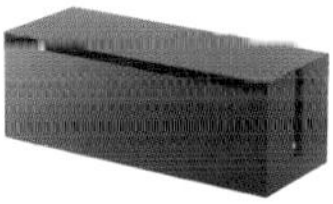

→ p116中

テレビ裏ケーブルボックス
スマート ブラック

5

→ p108上

バスルームゴミ箱
タワー ブラック

6

→ p107中

マグネット小麦粉＆スパイスボトル
タワー ブラック

7

→ p104下

ベジタブルストッカー
タワー ブラック

8

→ p106中

密閉 袋ごと米びつ タワー 5kg
計量カップ付 ブラック

9

＊生産終了

ウォールキッチンタオルハンガー
タワー ブラック

10

→ p102上

グラススタンド タワー スリム
ブラック

11

→ p103上

ポリ袋エコホルダー
タワー ブラック

12

→ p102中

水が流れるスポンジ＆ボトルホルダー
タワー ブラック

13

→ p108上

引っ掛け風呂イス
タワー ブラック

「パーツショップ」を活用しましょう

スチールの先端に差し込むキャップや、フレームの底に貼るクッション、横棒に掛ける小さなフックなどなど、なくなったり、劣化してしまった部品を、山崎実業のオフィシャルサイトである「パーツショップ」から購入することができます。かなりの充実した品揃えなので、検索してみればたいていのパーツは見つけられることでしょう。パーツだけ交換して、どうぞ末永く愛用してください！

＊商品本体は販売していません。
＊支払い方法はクレジットカード（VISA/MASTER/JCB/AMEX）決済か銀行振込が選べます。
＊送料は 330 円。合計金額が 440 円以上の場合は無料。

商品名、品番などから検索可能。300 アイテム以上がラインナップされている

人気のポリ袋エコホルダーは先端のキャップをなくしがちだが、こちらで購入可能

こちらからどうぞ！

Yamazaki Parts Shop
https://parts.yamajitsu.co.jp

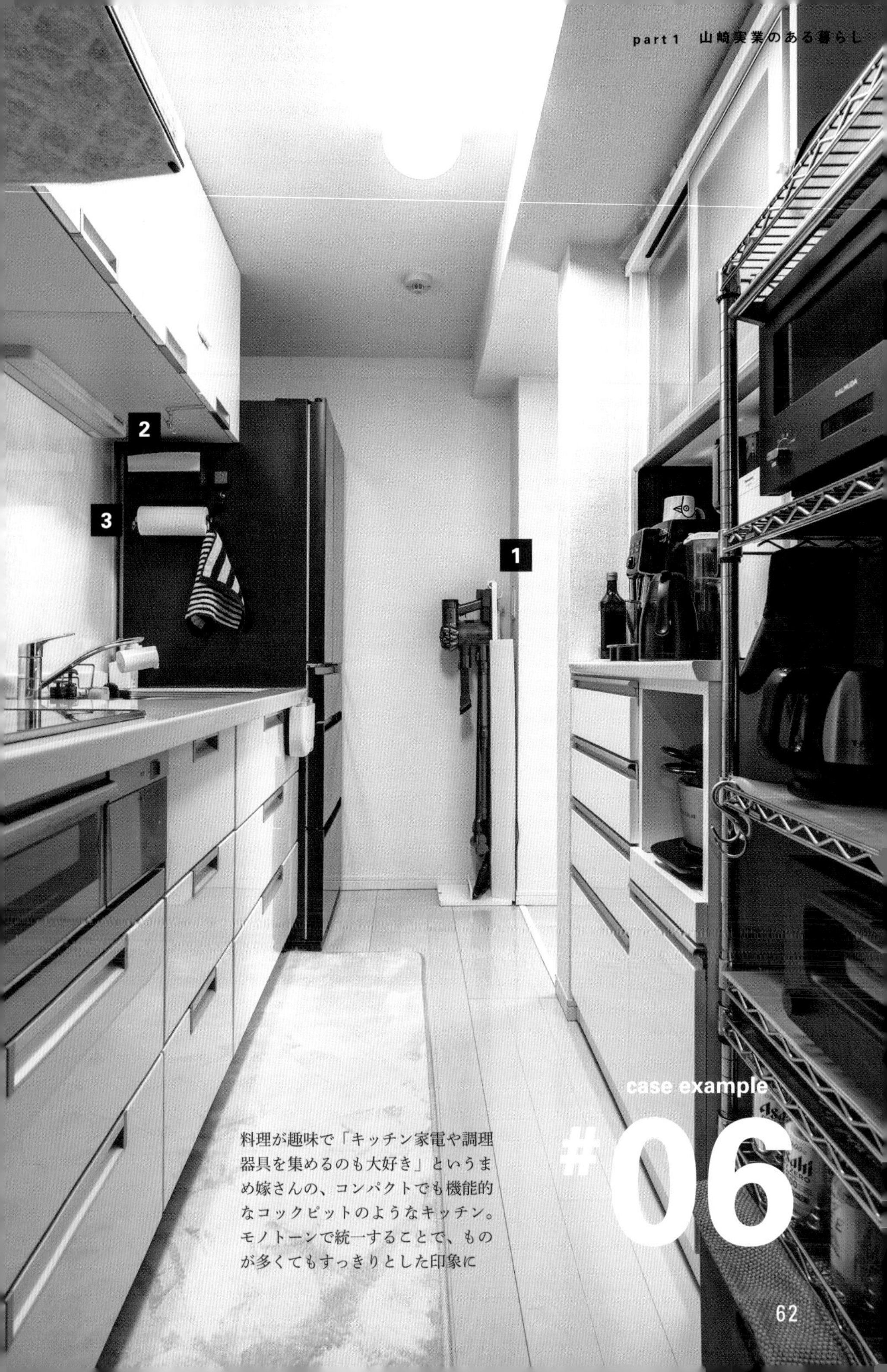

case example

#06

料理が趣味で「キッチン家電や調理器具を集めるのも大好き」というまめ嫁さんの、コンパクトでも機能的なコックピットのようなキッチン。モノトーンで統一することで、ものが多くてもすっきりとした印象に

棚や引き出しには、無駄な余白がないほどキッチングッズがぎっしり。フライパンを立てて収納したり、何種類もあるスパイスを整理したりと、山崎実業のアイテムを駆使することで、機能性も十分にキープしている

case example

#06

転勤族だからわかる山崎実業の「どんな家にも合う」汎用性

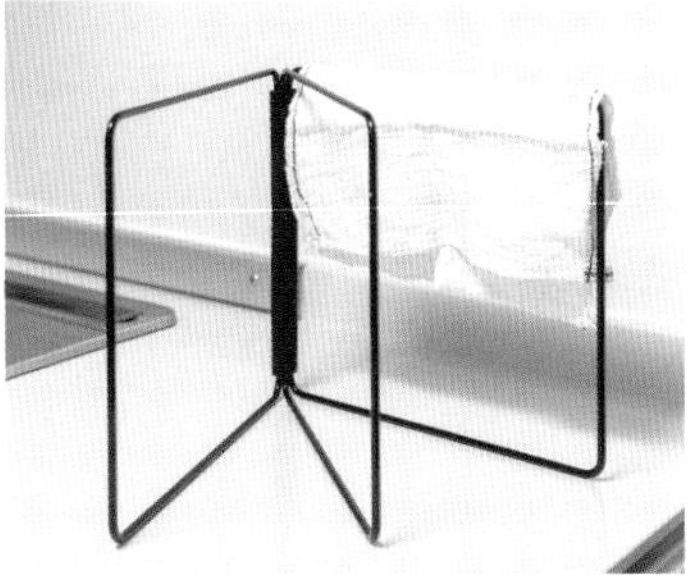

折り畳みできる布巾ハンガー。「スリムなので、使わないときは引き出しの中へ畳んでしまっておけます」

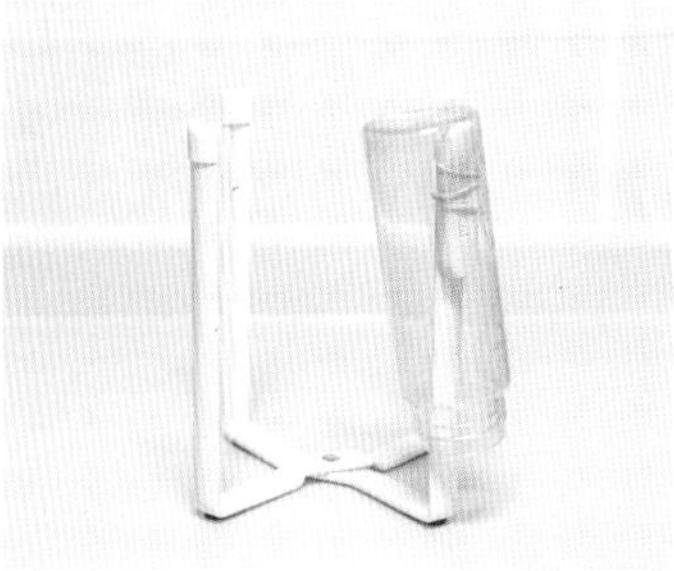

ポリ袋ホルダーの先に100 均の珪藻土スティックを付けてタンブラーやグラスを立て、乾かす時間を短縮

形状がスクエアなので、並べたときに無駄なスペースができない。片手で簡単に開閉できるところもお気に入り

まめ嫁さん

整理収納アドバイザー

山崎実業歴　8年

保有アイテム数　20程度

転勤族の夫と都内で２人暮らし。家が変わっても居心地のよい部屋を保つための整理収納や片づけの工夫をブログで紹介。「まめ 's HOME」https://mameyome.com/

数年ごとに引っ越しがある転勤族のまめ嫁さんが、もの選びで大切にしているのは、「どんな家でも使いやすい汎用性の高さ」。

「4年前に大阪から東京のマンションへ移ってきましたが、今の家も数年以内にまた引っ越す可能性が大。だからむやみにものを増やしたくないし、置き場所や使い方が限定されるものは持ちたくないんです」

そんなまめ嫁さんのニーズにぴったりだったのが、シンプルなデザインでどんな空間にもなじみ、使い方に応用が利く山崎実業でした。

鍋蓋などを立てて収納できるスタンド。取り出しやすいよう手前にはフライパンの持ち手が掛けられる

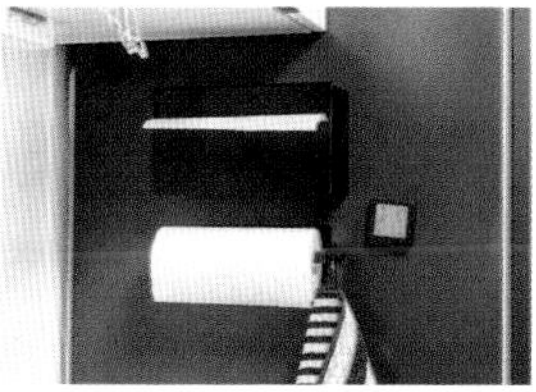

マグネット式のペーパータオルホルダーとキッチンペーパーホルダーはどちらも冷蔵庫の色に合わせて黒をチョイス

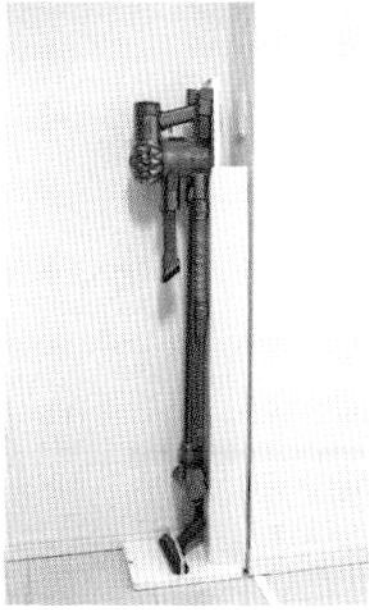

ダイソンの掃除機スタンドはコードやコンセント部分が見えないよう、カットしたプラダンを手前に貼って目隠し

「たとえばキッチンシンク下の伸縮鍋蓋&フライパンスタンドは、スペースに合わせて横幅を調整できるので、引っ越した先のキッチンでもそのまま使えます。ものを増やしたくないと言いつつ、キッチン用品が大好きなので鍋やフライパンはすぐ新しいものを買ってしまうのですが……(笑)、どの鍋もすっきり収められるところも気に入っています」

　買い物の失敗がないよう、購入前はネットショップで使用イメージの画像をひたすらチェック。自分の家に合うかどうかをシミュレーションしてから購入するそう。

「似たものを100均で買ったこともありますが、使ううちに壊れたり、使いにくさを感じる部分が出てくる。耐久性やマグネットの強度を考えたら、山崎実業のアイテムは決して高くはないし、お金を出した価値はあると実感しています」

クローゼットの折れ戸に引っ掛けたドアハンガー。カラフルな愛らしいデザインで、tower とはまた違った魅力がある

フックの位置を調節できたり畳めたりするドアハンガーを活用。外出用の帽子やバッグを１か所に集約している

リビングにもなじむ
アイテムたち
実はこのバランスボールも
山崎実業！

リビングのバランスボール vivora は、実は山崎実業が輸入しているもの。シックで部屋のインテリアにもなじみやすい

絶妙な値ごろ感と、
シンプルで飽きがこないデザインが
高ポイントです

ダイニングテーブルの下にマグネットティッシュケースを貼り付け。「テーブルは裏にマグネットが付くタイプ。以前は100均のものを使っていましたが、すぐ落ちるのがストレスになり、towerに買い替えました」

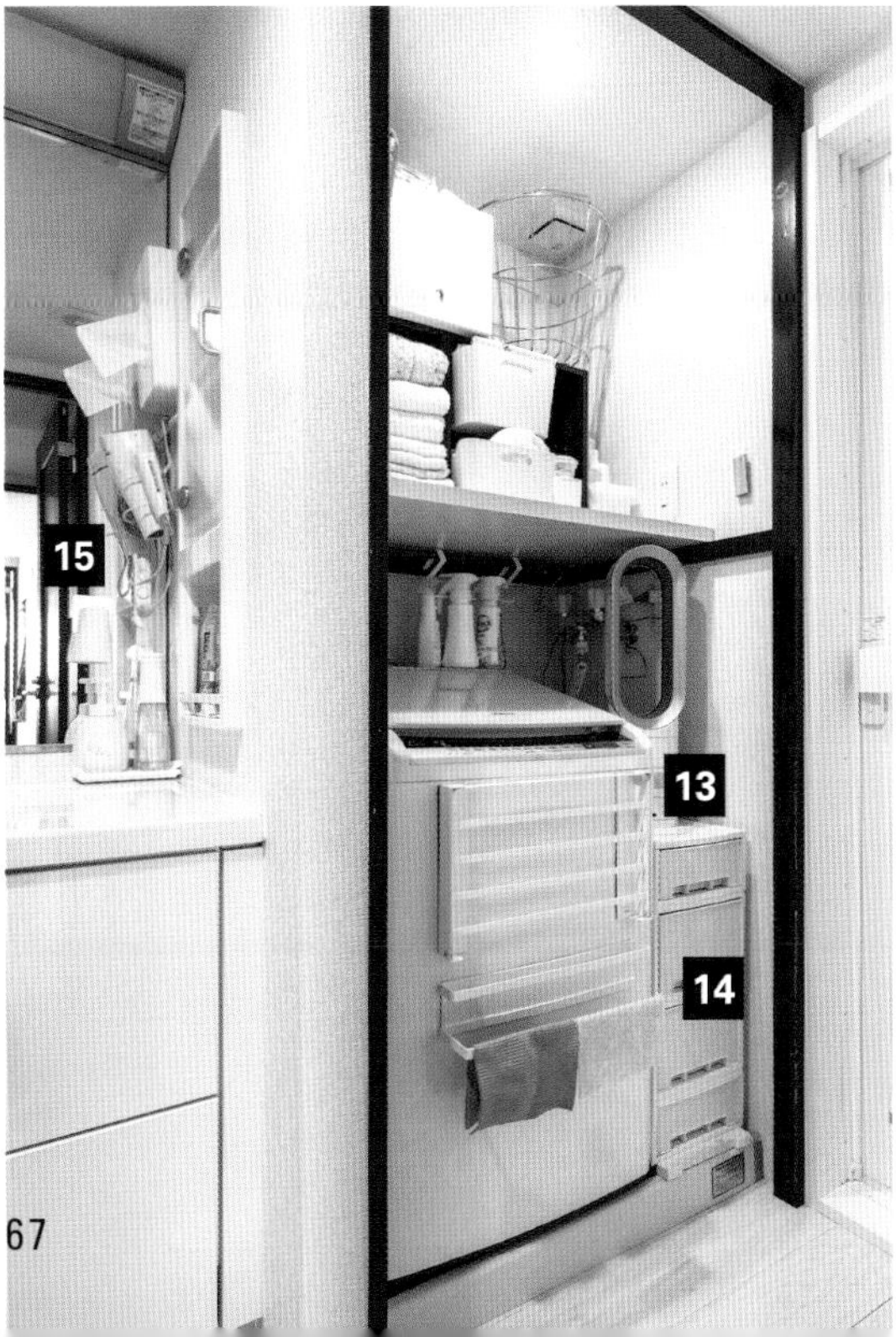

洗濯機に付けられるマグネット折り畳み棚は、タオルや着替えの一時置き場として重宝。「下のタオルハンガーは雑巾や小物干しに。洗面台では浮かせて収納できるフィルムフックタンブラーが活躍」

1

→ p116下

コードレスクリーナースタンド
タワー ホワイト

2

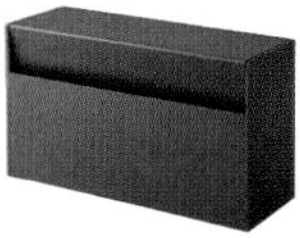

→ p110下

ウォールペーパーホルダー
タワー ブラック

3

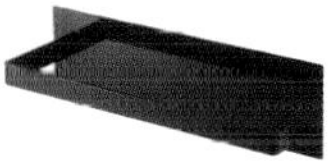

→ p102下

マグネットキッチンペーパーホルダー
タワー ワイド ブラック

4

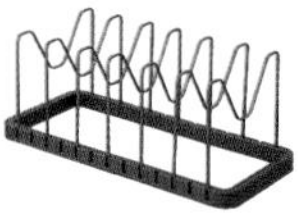

→ p103下

シンク下 伸縮鍋蓋 & フライパン
スタンド タワー ブラック

玄関前に荷物を直置きしたくない……と思っていたときに見つけた置き配トレー。「使わないときはマグネットで扉に付けられるのは山崎実業ならでは」

16

マグネット置き配トレーは
これぞ山崎実業！ という商品
とても気に入っています

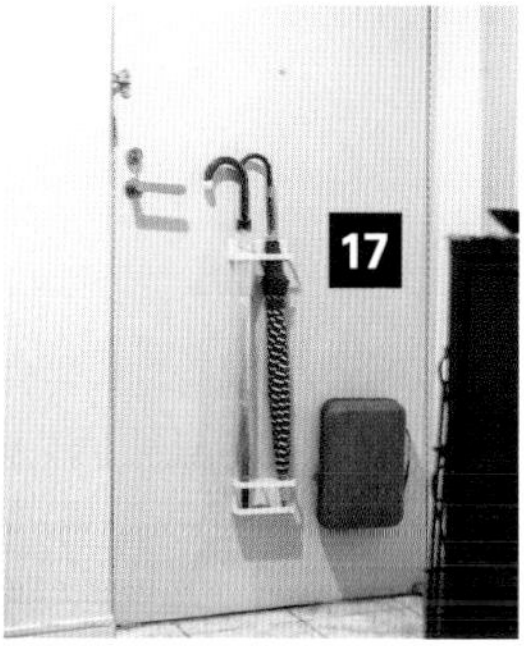

17

マグネットで玄関扉に付けられるアンブレラスタンド。「浮かせて収納すれば掃除のじゃまになりません」

18

靴箱にはラックを仕込んで収納力をアップ。「これも幅を調整できる伸縮性なので、引っ越し先でもそのまま使えるのがうれしい」

まめ嫁さん 使用アイテム一覧

5

→ p103上

ポリ袋エコホルダー
タワー ホワイト

6

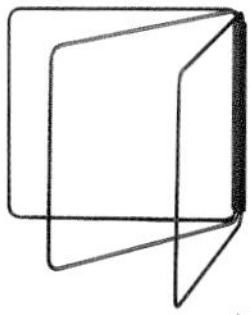

→ p102中

折り畳み布巾ハンガー
タワー ブラック

7

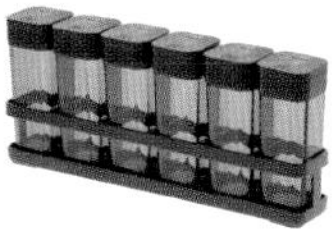

＊生産終了

スパイスボトル＆ラック
タワー 6個セット ブラック

8

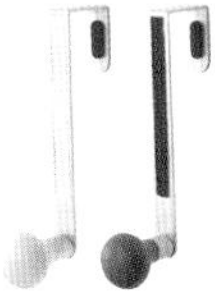

→ p114下

ペアドアハンガー
ライト

9

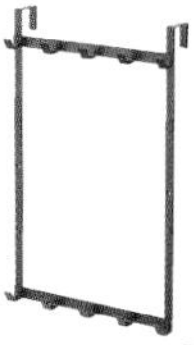

→ p115下

高さ調節ドアハンガー
スマート ブラック

10

→ p115下

使わない時は収納できる
ドアハンガー タワー ブラック

11

→ p100中

vivora シーティングボール ルーノ
シェニール ベージュ

12

→ p100上

マグネットコンパクトティッシュケース
タワー ブラック

13

→ p111下

洗濯機横マグネット折り畳み棚
タワー ホワイト

14

→ p112上

洗濯機横マグネットタオルハンガー 2段
タワー ホワイト

15

→ p110中

フィルムフック マグネットタンブラー
タワー ホワイト

16

→ p114下

マグネット置き配トレー
タワー ブラック

17

→ p113下

マグネットアンブレラスタンド
タワー ホワイト

18

→ p115上

下駄箱中 伸縮シューズラック
フレーム ブラック

case example
#07

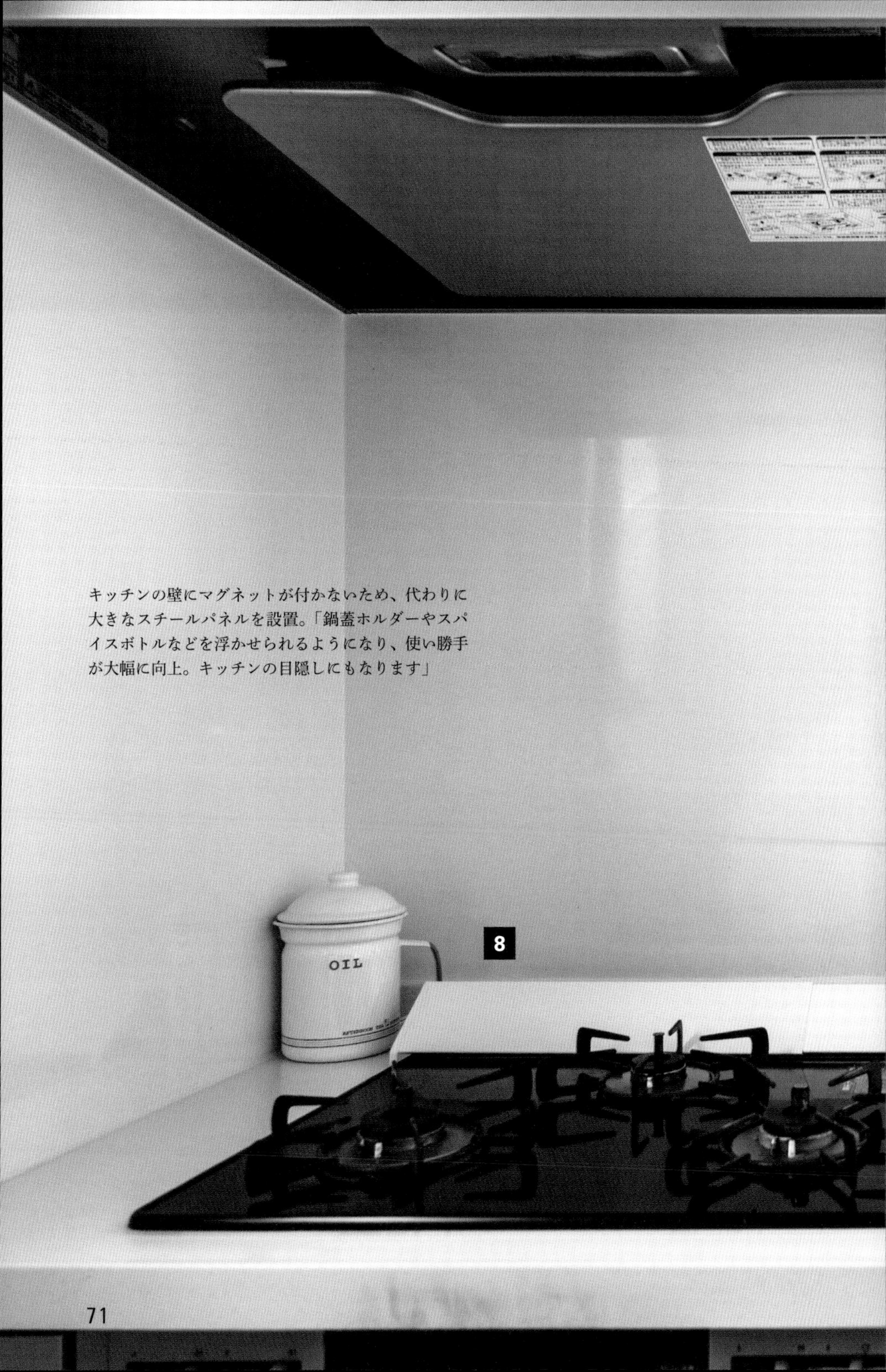

8

キッチンの壁にマグネットが付かないため、代わりに大きなスチールパネルを設置。「鍋蓋ホルダーやスパイスボトルなどを浮かせられるようになり、使い勝手が大幅に向上。キッチンの目隠しにもなります」

case example

#07

取り出しやすくてしまいやすいだから掃除も収納も楽になる！

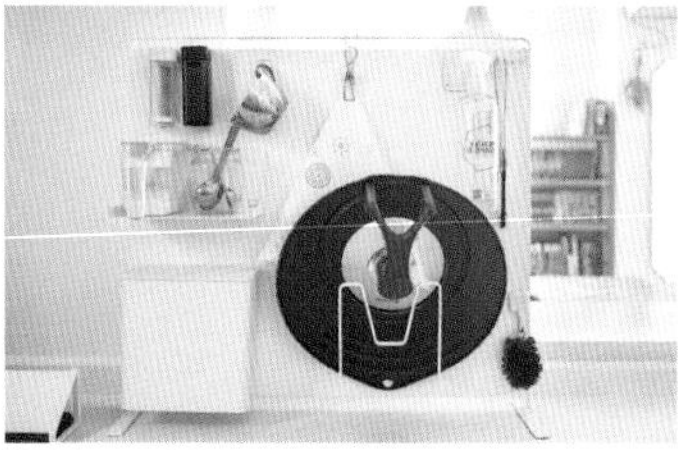

使用頻度の高いツールはパネルにマグネットで貼り付け。「洗濯洗剤用のストッカーにはポリ袋を入れています」

ポリ袋ホルダーはLサイズを愛用。「生ごみ入れにするほか、水筒やペットボトルを乾かすスタンドにも」

油汚れを防ぐ排気口カバーはキッチンの必需品。「あとは多用途に使えるヒューマンシステムの『洗剤能力PRO』で拭くだけできれいに」

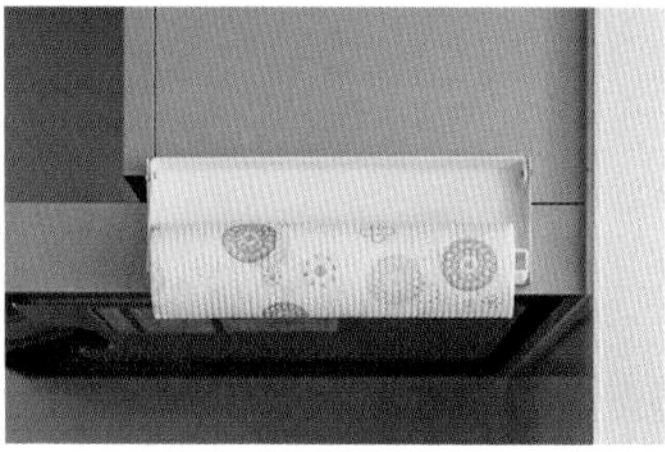

片手で切れるキッチンペーパーホルダーには、スコッティファインの「洗って使えるペーパータオル」を。台ふきんにもなるとか

まいさん

整理収納アドバイザー

山崎実業歴　7年

保有アイテム数　20程度

夫、2人の息子、インコと都内の一戸建てで暮らす。ブログやウェブマガジンで生活用品のレビューや収納アイデアを紹介。「まい CleanLife」 https://maicleanlife.com

100均をはじめ、さまざまなメーカーの収納アイテムを比較したレビューをウェブで発信しているまいさん。ほかと比べて山崎実業が優れているのが、細かい部分の使い勝手の良さだと話します。

「似たようなものはたくさんありますが、山崎実業のアイテムは持ったときにしっくり手になじんだり、傷つかないようゴムが付いていたり……。スペックだけではわからない細部にメーカーのこだわりを感じます。同じアイテムでもマグネットと木ネジの両方で付けられるなど、柔軟に使

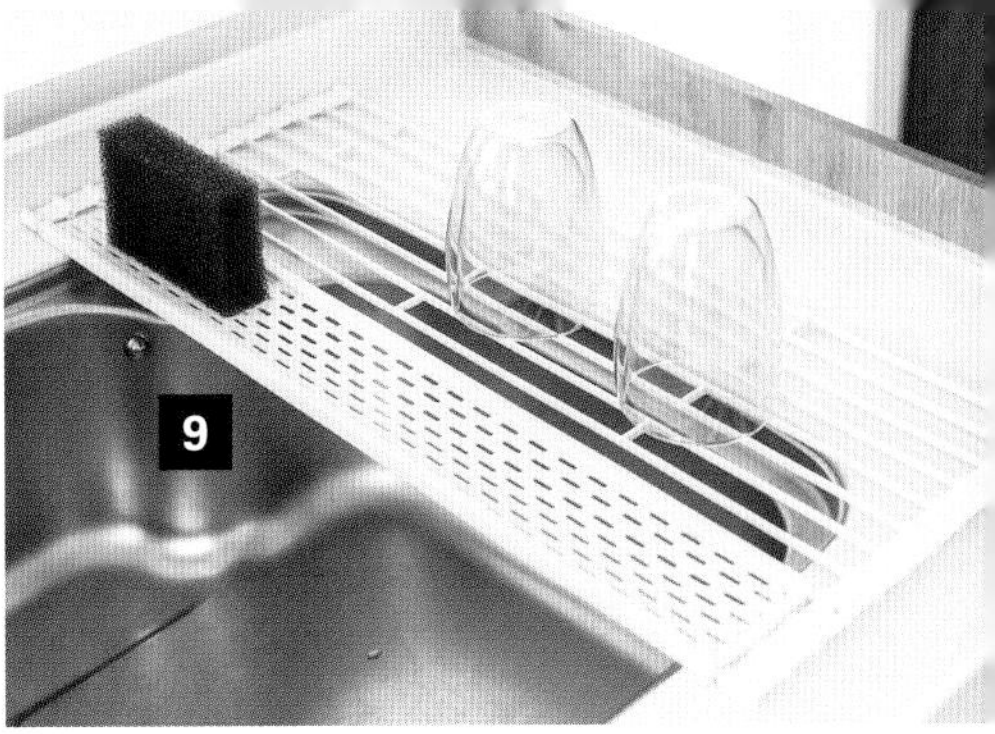

コンロ横の引き出しに入れるのは、「一軍」のキッチンツールだけ。「シリコンスプーンは内側に計量目盛りが付いた優れもの。同じくシリコン製の菜箸は先を浮かせて置けるキーパー付き」

使わないときはコンパクトに巻いて収納できる折り畳み水切りラック。「スチール製のしっかりした作りなので、大きな鍋を置いても大丈夫。上にまな板をのせて調理することも可能です」

電子レンジの上のデッドスペースを活かすため、レンジラックを導入。「コーヒーを淹れる道具や調理中に見たいレシピ本など、しまい込むと面倒なアイテムの置き場として活躍しています」

えるところも好きですね」

日々の掃除や片づけをスムーズにするには、「取り出しやすさとしまいやすさ」も重要に。

「山崎実業のアイテムは、掃除機スタンドやハンディーワイパースタンド、まな板や水筒も掛けられるポリ袋ホルダーなど、毎日使うものを出し入れしやすいよう、しかるべき場所に収めてくれる。本来片づけが苦手なタイプなので、掃除へのハードルを下げてくれるのは助かります」

収納アイテムを買うときは山崎実業のものに限らず、ネット上のレビューを熟読するのがまいさん流。

「良い評価だけでなく、あえて低評価のレビューを見るのがポイント。『ダメだった理由』を読んで、自分がそこを許容できるかどうかが、購入の決め手になります。今使っている山崎実業のアイテムは、そのハードルを乗り越えた一軍ばかりです」

掃除や片づけの道具は汚れが気になったときにすぐ手に取れる場所に置くことが重要。「towerの掃除機スタンドやハンディーワイパースタンドは部屋の一角にさりげなく置けるデザイン。掃除が億劫でなくなりました」

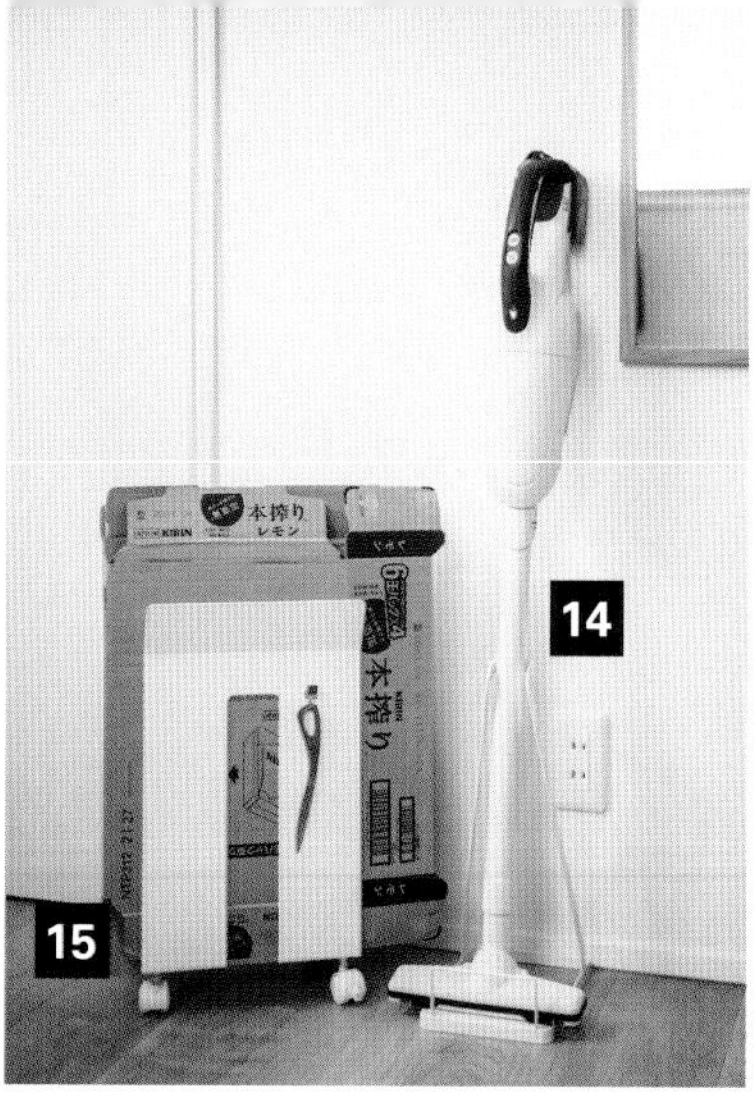

掃除や片づけが億劫でなくなる魔法のグッズ丈夫で壊れにくいのも良いですね

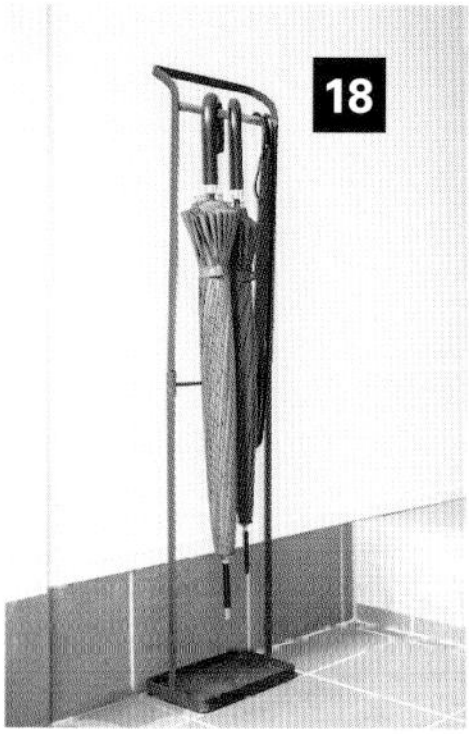

玄関はコンパクトな空間だからこそ、スリムで場所を取らない山崎実業のアイテムが力を発揮。「スリッパや鍵、傘など、玄関で散らかりがちなアイテムも、スリッパラックや傘スタンドにまとめればすっきり見えます」

ものが多い洗面所も、アイテムを駆使して機能的な配置に。「洗面台の横の壁面にティッシュがあるとほんとに便利なんです」

まいさん 使用アイテム一覧

5

→ p105上

マグネット調味料ストッカーラック タワー ホワイト

3

→ p104中

マグネット鍋蓋ホルダー タワー ホワイト

1

→ p103上

ポリ袋エコホルダー タワー L ホワイト

6

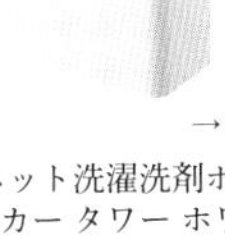

→ p112上

マグネット洗濯洗剤ボールストッカー タワー ホワイト

4

→ p107中

マグネットスパイスボトル タワー ホワイト／ブラック

2

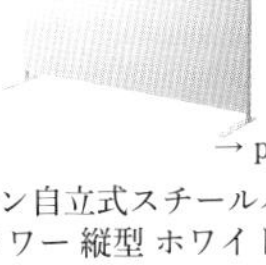

→ p104中

キッチン自立式スチールパネル タワー 縦型 ホワイト

まいさん 使用アイテム一覧

7

→ p103中

片手でカットマグネット
キッチンペーパーホルダー
タワー ホワイト

8

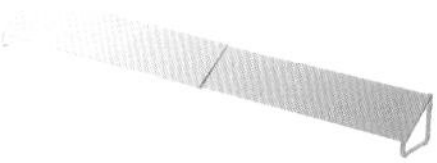

→ p105中

排気口カバー
タワー ホワイト

9

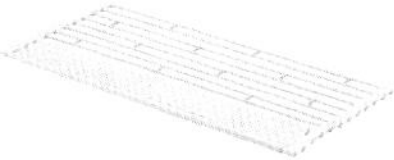

→ p101下

折り畳み水切り タワー
シリコーントレー付き L ホワイト

10

→ p107上

シリコーン調理スプーン
タワー ブラック

11

→ p107上

シリコーン菜箸
タワー ブラック

12

→ p105下

伸縮レンジラック
タワー ホワイト

13

→ p116下

ハンディーワイパースタンド
タワー ブラック

14

→ p116下

スティッククリーナースタンド
タワー ホワイト

15

→ p117下

ダンボール & 紙袋ストッカー
フレーム ホワイト

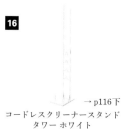

16

→ p116下

コードレスクリーナースタンド
タワー ホワイト

17

→ p114中

マグネットキーフック & トレイ
スマート ブラック

18

→ p113下

引っ掛けアンブレラスタンド
タワー ブラック

19

→ p115上

スリッパラック スマート
ホワイト

20

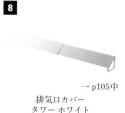

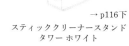

→ p100上

マグネットティッシュケース
タワー ホワイト

開発会議に参加してみたいんですがＯＫしてもらえないんです（笑）

㈳日本収納検定協会 代表理事・ケイスタイル㈱代表取締役

収納王子コジマジックさん

——コジマジックさんはお笑い芸人として活躍する一方、「収納王子コジマジック」としてメディアで収納テクニックを紹介したり、整理収納サービスの会社を立ち上げたり、「収納検定」を開催する日本収納検定協会の代表を務めたり、幅広く活動されていますよね。

僕が「収納王子」として活動するようになったきっかけは、100円ショップの商品で収納グッズを自作したりする様子をメディアで取り上げてもらってからですね。片づけが仕事になってから、2000件以上の家庭の片づけに携わってきました。

——ユーチューブの「収納王子コジマジックちゃんねる」では、山崎実業のアイテムも多く登場しています。

芸能界でも僕の「山崎実業愛」は5本の指に入ると思っています（笑）。なんせ10年以上前から、収納グッズの展示会で注目してきましたから。僕自身も他社さんの収納グッズの企画開発に携わっていますが、作り手の心理としては多くの人に使ってほしいから、どうしても万人受けするものを作ろうとしてしまう。でも山崎実業さんは、エッジが効きまくったアイテムを次々に出してくるんですよ。収納を生業としている人間には目が離せない存在です。

——初めて使ったアイテムは？

僕の山崎実業デビューは、マキタの掃除機を立てかけられる「スティッククリーナースタンド」。自宅でも会社でもいくつも使っているので、一番のお気に入りを挙げるのは難しいんですが……。定番の「ポリ袋エコホルダー」は妻も大絶賛しています。ペットボトルや水筒を乾かすときにも使えるので、普通サイズとLサイズ、両方使っています。

スティッククリーナースタンドタワー
→p116下

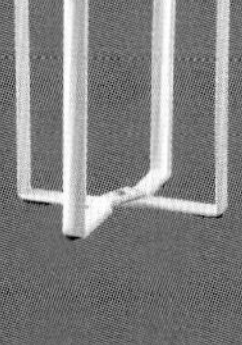

ポリ袋エコホルダータワー
→p103上

山崎実業の細かな配慮が付加価値になっている

――最近、「これはすごい！」と思ったアイテムは？

今のご時世ならではのグッズだな〜と感心したのが、「マグネット置き配トレー」。荷物や出前を地面に直接置かれるのは抵抗がありますよね。なにか解決法はないかと思っていたところに、山崎さんがこれを出してくれました。しかも「インターフォンを押さないでください」と「押してください」と書かれたマグネットプレートまで付いてるんですよ。かゆいところに手が届いている〜！って（笑）。

マグネット
置き配トレー タワー
→ p114下

シリコーンお玉
タワー
→ p107上

最近ではキッチンカトラリーもよく使っているのですが、「シリコーンお玉」は鍋にフィットしてきれいにすくえるし、角がちょっととがっているので注ぎやすい。しかも内側に目盛りが付いていて計量もできるんです。さらには先端が浮くので、直置きにならず清潔。お玉ひとつに、これだけ工夫が込められているってすごいことですよ。

――先ほど出た「エッジが効きまくったアイテム」というのはたとえばどんな？

ちょっと変わり種系のアイテムだと、「ツーウェイ消臭ビーズケース」にはグッときましたね。消臭剤ってしまい込むわけにはいかないけど、出したままだとパッケージがインテリアになじまないんですよね。でも、このケースに中身のビーズだけ詰め替えればすっきり見える。

それと、「マグネットお風呂入浴剤ストッカー」も見つけてすぐに買ったアイテム。入浴剤の「バブ」を収納する専用のストッカーなんですけど、うちは子どもがバブ大好きなので（笑）。いろんな種類を入れておくと、「今日はどれが出てくるかな？」と楽しみになる。しかも蓋の上に開封後のパッケージをちょい置きできるんですよ。気が利いてますよね〜。

ツーウェイ
消臭ビーズケース
タワー
→ p114下

マグネット
お風呂入浴剤
ストッカー
タワー
→ p110上

――細かいところにまで気を配った商品が多いですよね。

たとえばバスルームで使う「マグネット水切りワイパー」は、幅が31㎝もあって、最初に見たときは「でかっ！」と思ったんですよ。どうしてそんな中途半端な数字にしてるのかと思ったら、一般的にお風呂の鏡って30㎝幅のものが多いんです。それが一発で水切りできるように31㎝にしてるんですよね。グッときちゃいました。

マグネットで浮かせて収納できるようになった点も大きな発明ですよね。山崎実業さんのマグネットって本当に強力で、ちょっと手が当たったぐらいじゃずれない。スプレーボトルの裏側を見ると、マグネットの上下にシリコンゴムが入っているんですよね。そのおかげで壁に傷がつかないし、同時にズレ防止にもなっている。とことん考えられています。自宅のバスルーム収納は、ほとんどが山崎実業さんですね。

マグネット
水切りワイパー
タワー
→ p109上

——発想が素晴らしいですよね。

僕がすごいと思っているのが「付加価値の付け方」。玄関の靴箱の下に差し込んで使う「浮かせる伸縮シューズラック」という商品があるんですけど、靴だけでなく、棚の中に設置して傘や掃除道具を引っ掛けてもいい。ほかの用途でも使えるように工夫されているんです。「下駄箱中長靴＆ブーツホルダー」も、ブーツだけでなくサンダルやスニーカーも置けて、ちゃんと冬以外も活用できる。

これって、われわれ芸人がネタ作るときの発想と似てるんですよね。僕らも1つのネタに対して、「これおもしろい！　じゃあこの〝おもろい〟をどうやって広げていこうか」と考えていくんです。どれだけ有能な構成作家が集まってるのかと感心しますよ（笑）。

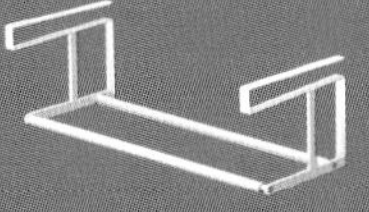

浮かせる
伸縮シューズラックタワー
→ p114上

下駄箱中長靴＆ブーツホルダー
フレーム
→ p114上

どんな生活にも フィットするすごさ

——商品数の多さも山崎実業の特徴です。

ドライヤーホルダーにしても普通は1つ出したら終わりなのに、何パターンも視点を変えて出していく。それだけ社内で多くの人が携わって、「こんなのあったらいいなあ」というのを、毎日考え抜いているということ。そうじゃないと、あんなにニッチな商品は生まれないでしょうから。僕、商品の開発会議に参加してみたくて、何度も「会社でロケさせてください！」と訴えてるんですけど、残念ながらまったくOKしてもらえないんです（笑）。

——デザイン面についてはいかがですか？

機能をデザインに落とし込む力もすごいですよね。「タワー」の高級感は、やっぱりスチール素材というのが大きい。個人的には木を一部に使った「リン」のシリーズも好きです。スクエアでなおかつモノトーンのスチール素材だと、冷たい印象になってしまうこともあって、もうちょっと温かみが欲しいな……というときは、「リン」も取り入れるようにしています。そういう選択肢の広さも魅力なんですよね。

——ラインナップが豊富な一方、どれを選んだらいいのか迷う人もいるかと思います。

自分の家に合ったものを選ぶコツは？

商品を選ぶ前に、自分のライフスタイルを見つめ直すことでしょうか。部屋を片づけようとしたとき、真っ先に収納グッズを買おうとする人が多いんですけど、それは無駄買いのもと。まずは①持っているものを出して総量を把握する。次に②使っているものと使っていないものを分ける。最後に③使っているものの定位置を決めてしまう。この3ステップが片づけの基本です。最後のステップになってようやく「どこにどんな収納グッズが必要か」がわかるんです。自分の持ちものやライフスタイルがわかったうえで選択すれば、商品自体は素晴らしいものですから、失敗はないと思いますよ。

——収納の基本を踏まえて買うことが大切なんですね。

よく、片づけのお悩みで、「この棚が使いにくいからなんとかしたい」なんて言われるんです。でも、そこはそもそもが使いにくい場所なんですね。どれだけ収納グッズを駆使しても使いやすくはなりません。収納を考えるときに大事なのは、「使う場所のすぐ近く」に定位置があること。そうすれば家は散らからないんです。

その定位置を提示してくれるのが、山崎実業さんのアイテムなんですよね。代表的なものがマスクケース。コロナ禍の前はリビングの薬箱の横にマスクを置いている家が多かったけど、今は玄関が大半ですよね。だから山崎実業のマスクケースは玄関に置けるように作られている。今まで、収納グッズ業界では「ライフスタイルは十人十色だから、収納には答えがない」と言われていたんです。でも山崎実業さんは、「ここに置くといいですよ」と答えを教えてくれる。そういうのも、山崎実業さんのすごいところなんですよね。

収納王子コジマジック／小島弘章
（しゅうのうおうじこじまじっく／こじま・ひろあき）

片づけ・収納・住まいに関する知識と実績を持つとともに、松竹芸能で約30年の芸歴を積んだ男性ライフスタイル系タレントのパイオニア。整理収納に笑いを取り入れたセミナーも話題に。「収育」を理念として掲げた一般社団法人日本収納検定協会を設立し、片づけを楽しむ「収納検定」をスタートさせる。一般社団法人日本収納検定協会 代表理事、一般社団法人日本片づけ整理収納協議会 代表理事。ケイスタイル株式会社 代表取締役。

一般社団法人日本収納検定協会
https://shu-ken.or.jp

ケイスタイル株式会社
https://kstyle-co.jp

@kojimagic2009

YouTubeチャンネル
「収納王子コジマジックちゃんねる」
@kojimagic

part 2

みんなのイチオシ山崎実業

販売店、スタイリスト、料理家……

さまざまな方の

おすすめを聞きました。

ハンズ ハウスウエア担当バイヤー
澤村知子さん

ネットショップや実店舗で山崎実業製品を取り扱うハンズからは、ご自宅で多数の製品を愛用しているという、バイヤーの澤村さんにご回答いただきました。

引っ掛け風呂イス以外にも、キッチンやバスルームでマグネット系を中心に多数の商品を愛用（写真提供／澤村さん）

Q 山崎実業の商品を何個ほどお持ちですか？

A 10個ほど。

Q おすすめの山崎実業製品を教えてください。

A **引っ掛け風呂イス タワー ＳＨ30** **1**

1

→ p108上

Q 山崎実業の製品のどんなところが良いと思いますか？

A ✔**豊富なラインナップ** ✔**白と黒の2色展開** ✔**耐久性** ほか、使用シーンの画像が豊富で想像しやすいところ。

Q はじめて山崎実業の存在を知ったのはいつごろでしたか？

A 家を建てる際にキッチン等の収納を検索していて一般の方のインスタグラムの投稿で見たのがきっかけです。

Q いつごろから山崎実業の人気が高まってきたと感じましたか？

A バイヤーで担当してから。２０２１年ごろから。

Q お客様の反応は？

A タワー商品を購入されるお客様は、シリーズで購入してくださる方が多く、再来店して追加購入していただくこともあります。ネットストアやＳＮＳで見て、店頭でサイズ感を確認してから購入されるお客様が多いようです。シンプルで色も統一されているので、揃えることでキッチンやバスの収納をすっきりと見せることができるところが、男女問わず広い年齢層に受けています。キャンペーンでお客様アンケートを取ったところ、ここはこうしたらもっと便利、こういった商品があったらうれしいという意見が多くあり、支持され、期待されているのを感じました。

Q 山崎実業にひとこと！

A 今後も期待しております！

ハンズ　https://hands.net　＊ネットショップほか、国内外に64店舗を展開

奈良 蔦屋書店 アートコンシェルジュ

藤川亜美さん

山崎実業の本社がある奈良県の書店、奈良 蔦屋書店では、2020年より店舗2階にて山崎実業製品を多数展開中。ご担当の藤川さんに、お答えいただきました。

Q 山崎実業の商品を何個ほどお持ちですか?

A 10個ほど。

Q おすすめの山崎実業製品を教えてください。

A **裁縫箱 タワー** 1

ありそうでなかったスタイリッシュな裁縫箱。

横から掛けられるバスタオルハンガー 3連 タワー 2

機能的でスタイリッシュ。

1

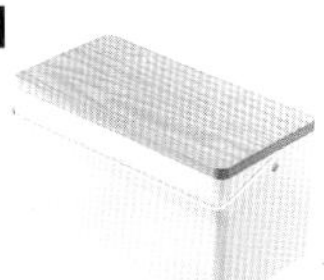

→ p100下

2

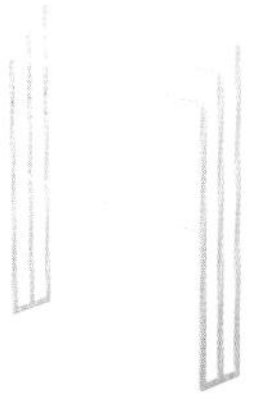

→ p113上

Q 山崎実業の製品のどんなところが良いと思いますか?

A ✔**デザイン** ✔**ニッチすぎる用途** ✔**価格** ✔**材質・質感** ✔**白と黒の2色展開**

決して主張しないシンプルなデザインで利便性に優れているところ。質感、耐久性にもこだわり、ブランディングにも優れているのに驚きの実用的価格帯であること。

Q はじめて山崎実業の存在を知ったのはいつごろでしたか?

A おぼえていないくらい前。キッチンまわりのなにかを揃えたのがきっかけだと思います。

Q いつごろから山崎実業の人気が高まってきたと感じましたか?

A コロナ禍で「日常の暮らし」がフィーチャーされるようになったからでしょうか。

Q お客様の反応は?

A 個人的にスチール粉体塗装されている製品のクオリティとデザインが大好きなので、みなさまにも知っていただきたく、2020年ごろにフェアでお声掛けさせていただいたのがきっかけです。なかなか現物を見る機会のなかった大型商品を中心に展開したところ、大変反響がありました。

Q 山崎実業にひとこと!

A これからもブレないモノ作りをよろしくお願いいたします。

蔦屋書店らしいスタイリッシュなディスプレイ。本以外にも日用品などを広く取り扱っていて、イベントなども多い(写真提供/藤川さん)

奈良 蔦屋書店　https://store.tsite.jp/nara/　〒630-8013　奈良県奈良市三条大路1丁目691-1

collemo
鰍《えび》澤《さわ》美生さん

店内には「タワー」シリーズの商品が所狭しと並び、実際に触れることができる「体験型インテリア雑貨ショップ」です。担当の鰍澤さんもかなりのヘビーユーザー！

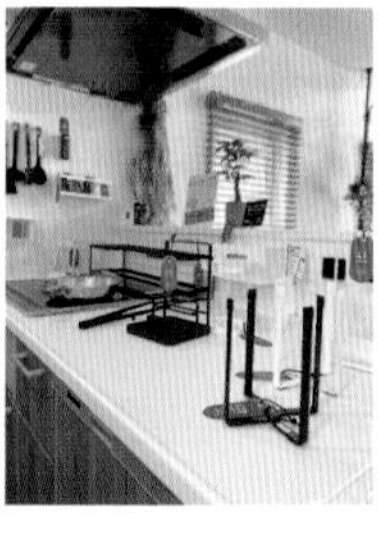

2022年11月にオープン。実際に使用するシーンを想像しやすいディスプレイが好評（写真提供／鰍澤さん）

Q 山崎実業の商品を何個ほどお持ちですか？

A 20個ほどです。

Q おすすめの山崎実業製品を教えてください。

A **ポリ袋エコホルダー タワー 1**

この商品1つで私の「乾かす」「捨てる」「広げる」を手伝ってくれます。「捨てる」は三角コーナーとしてだけでなく、子どもたちとの工作時にも細かいごみを捨てるのに大活躍しています。接地面には滑り止めがついているため、ズレたりするストレスなく使える点も良いです。

マグネットバスルームコーナーおもちゃラック タワー 2

子どもたちがお片づけ上手になれるアイテムです。水がぽたぽたと切れる面白さも加わってか、お風呂から上がる際はきちんとラックにおもちゃを入れてくれます。赤カビなども今のところなく、本当に助かっています。

マグネット収納アイテム全般

強度が素晴らしい!! しっかりくっついてくれるので、大切なものを置くときの安心感は山崎実業製品ならではです。

Q 山崎実業の製品のどんなところが良いと思いますか？

A **✔デザイン ✔豊富なラインナップ ✔材質・質感 ✔白と黒の2色展開**

一番の魅力は、どんなインテリアにもなじむシンプルなデザインとカラー展開です。寝室で使用していたアイテムをリビングに移しても違和感なく使用できますし「置く場所を選ばない」のは長く使用するための大切な条件かなと思います。

Q 山崎実業へのリクエストがあればぜひ。

A スタンドミラーやスタンドライトなど、存在感のある商品を増やしてほしいです。

Q お客様の反応は？

A 山崎実業の商品がお好きなお客様は、商品の良さやおすすめの使い方などを親切に教えてくださる方が多いです。私おすすめの「ポリ袋エコホルダー」は来店されるほとんどのお客様が持っているためおすすめにならず、使い勝手の良さを共感するためのアイテムになっています（笑）。当店は、タワーを中心とした山崎実業の商品に触れて購入を検討する「体験型」ですが、商品の質感や重厚感を体験・体感し、納得したうえでご購入なさるお客様が多いように感じています。購入した商品を実際に自宅に配置して、良さを体感し「集めたい・揃えたい」そんな心理になってしまうのも山崎実業製品の特徴かな……と思います。

1

→ p103上

2

→ p109上

collemo（コッレモ）　https://collemo.com　〒963-8041 福島県郡山市富田町字大堰61

212キッチンストア 営業部 商品チーム

宮田陽子さん

便利でかわいいキッチングッズをずらりとそろえて人気の212キッチンストアからはバイヤーの宮田さんが登場！

Q おすすめの山崎実業製品を教えてください。

A **マグネットバスルームラック タワー ロング** 1

シンプルなデザインと色。バスまわりの収納でありがちな樹脂製ではないので、見た目が良い。収納場所に困っていたシャンプーなどのボトル類をお風呂の壁面に設置できて、使いやすい場所に気軽に付け替えることができて便利。

Q 山崎実業の製品のどんなところが良いと思いますか？

A ✔**デザイン** ✔**豊富なラインナップ** ✔**価格** ✔**材質・質感** ✔**サイズ感**

Q 山崎実業へのリクエストがあればどうぞ。

A シンクまわりの商品などは、シンクになじむグレイ色などもあると良いです。

1

→ p108中

212 キッチンストア https://store.world.co.jp/s/brand/212kitchenstore/
＊ネットショップほか、全国に87店舗を展開

株式会社Y-Style 整理収納アドバイザー

赤工友里さん

ユーチューブで『かぞく収納CHANNEL』を発信中の赤工さん。特にマグネット系のアイテムがお気に入りだそうです。

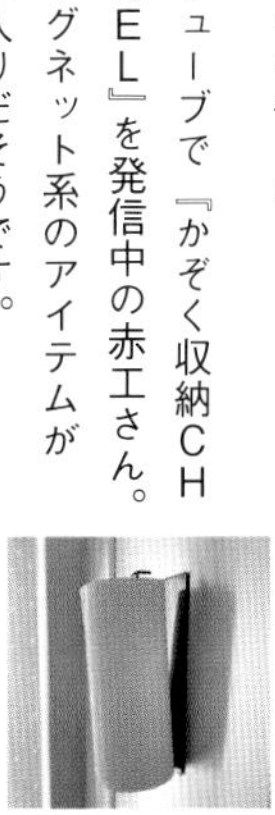

「マグネットキッチンペーパーホルダー タワー」は3個使用しているそう（写真提供／赤工さん）

Q 山崎実業の商品を何個ほどお持ちですか？

A 15個ほど。

Q おすすめの山崎実業製品を教えてください。

A **マグネットキーフック2段 タワー** 1
マグネットキッチンペーパーホルダー タワー 2
奥行ワイド棚付き伸縮排気口カバー タワー 3

Q 山崎実業の製品のどんなところが良いと思いますか？

A ✔**デザイン** ✔**豊富なラインナップ** ✔**白と黒の2色展開**

こんなのあったらいいのにが形になった、まさにかゆいところに手が届く商品ラインナップ！ マグネット商品は特に好きで、強度が強くほかの商品は使えないほどの良さがあります。

Q 山崎実業にひとこと！

A デザインのシンプルさと便利さが好きで気づいたら増えています。今後も暮らしに役立つ、あったらいいな！と思うような商品が増えてくれるとうれしいです。

1

→ p114中

2

→ p102下

3

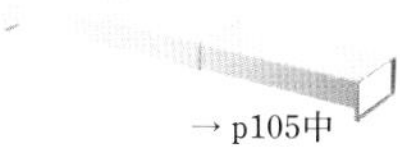

→ p105中

赤工友里（あかく・ゆり）「かぞく収納」https://ameblo.jp/sora8877/
YouTube チャンネル「かぞく収納 CHANNEL」@kazokushuno @kazokushuno_yuri

一級建築士　整理収納アドバイザー

ハギヤマジュンコさん

「おうちづくりカウンセラー」として頑張りすぎない「65点の暮らしかた」を提唱するハギヤマさん。建築士の資格もお持ちで、独自の視点が光ります。

Q 山崎実業の商品を何個ほどお持ちですか？

A 10個以上。

Q おすすめの山崎実業製品を教えてください。

A **コードレスクリーナースタンド タワー** 1

壁に穴あけをする必要なく、ダイソンをうまく収納できる！　収納すると勝手に充電できるようになっていて、わざわざコードをさしたりする必要もなく便利。

1

→ p116 下

2

→ p106中

3

→ p106下

密閉 袋ごと米びつ タワー ５kg 計量カップ付 2

シンク下の引き出しに収納できる米びつを探していてやっと見つけた。密閉できて、手ごろなサイズ感なのが使いやすい。

ドライフードストッカー タワー 3

ワンコのご飯入れに。片手で持てて、数日分が入るケースがなかなかない中、いいなと思ったのはやっぱりタワーでした。

Q 山崎実業の製品のどんなところが良いと思いますか？

A **☑デザイン　☑ニッチすぎる用途　☑豊富なラインナップ　☑価格**

かゆいところに手が届くのが、山崎実業さんのイメージです。欲しいなと思うものがあったとき、これいいなと思ったときは、ほぼ１００％山崎さん。値段もお手ごろなのがいい。最近では、まず山崎さんで探すようになりました。

Q いつごろから山崎実業の人気が高まってきたと感じましたか？

A インスタが流行りだしてからのように思います。ＰＲなんかでもよく見かけますし、私も何点も紹介させていただきました。便利なうえ、シンプルで、お手ごろなのでおすすめもしやすいです。

Q 山崎実業の「中の人」に聞きたいことがあればご自由にお書きください。

A 新しい商品開発はどこで思いつかれますか？　商品開発や、モニターとして、お仕事一緒にしてみたいです!!

Q 山崎実業へのリクエストがあればぜひ。

A 排気口カバー。パナソニックの3連コンロに対応しているロングタイプのものがどのメーカーさんからも発売されていません。ぜひ検討してください!!

かわいいチワワ４匹と暮らす。ペットとの生活にも山崎実業は大活躍（写真提供／ハギヤマさん）

ハギヤマジュンコ（はぎやま・じゅんこ）　https://cocoti-yoi-kurashi.com/
@_cocoti_　https://voicy.jp/channel/2773

ライフオーガナイザー

山本瑠実さん

ブログや著書で、手間もお金もかけずに素敵なインテリアを実現する方法を発信している山本さんも、熱烈な山崎実業ファンです。

Q 山崎実業の商品を何個ほどお持ちですか？

A 20個ほど。

Q おすすめの山崎実業製品を教えてください。

A **伸縮&スライド カトラリートレー タワー** 1

奥行きの長さを調整できるので、どんな引き出しにもフィットします。お箸やナイフ、フォークなどのカトラリーから、キッチンツール、文具まで、なんでもきれいにすっきりと整えることができます。

1
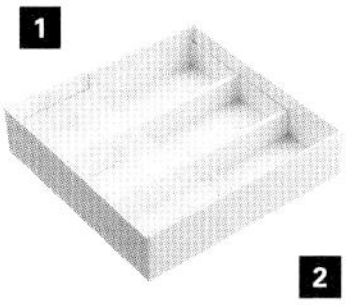
→ p105下

2
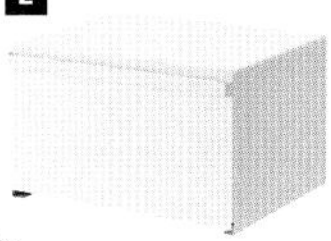
→ p106下

3
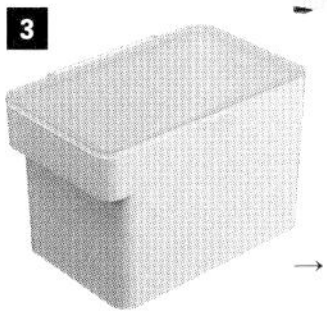
→ p106中

ブレッドケース タワー 2

しっかりとした重さがあって高級感があります。スーパーで買ったパンや、デザインが派手なふりかけなどをしまうと生活感を消すことができます。

密閉 シンク下米びつ タワー 5kg 計量カップ付 3

シンプルな作りに見えて、最後の米粒1つまで簡単に取り出せるようにできています。上から見てすぐに残量がわかるし、デザインが持ち運びやすくもなっていて、さすが山崎実業！と思います。

Q 山崎実業の製品のどんなところが良いと思いますか？

A ✔**デザイン** ✔**豊富なラインナップ**
✔**材質・質感** ✔**サイズ感**
✔**白と黒の2色展開** ✔**耐久性**

毎回圧倒的に感動するポイントがあって、それはマグネットの強さです！ そしてシンプルに見えて、工夫がたくさんあります。なので新商品が出るとすぐにチェックしてしまうし、買ってしまいます。

Q 山崎実業の「中の人」に聞きたいことがあればご自由にお書きください。

A ちょっとしたひと工夫がとても多く、いつも感動します。どのように商品開発をしていますか？ 1つの商品ができるまでどれくらいの期間をかけていますか？

Q 山崎実業へのリクエストがあればどうぞ。

A 歯ブラシスタンドの間隔がもう少しだけ広いものが欲しいです。あと、キッチンの「蓋付き目隠し分別ダストワゴン タワー 3分別」ですが、あれもしっかり閉められるものがあればうれしいです。十分素敵ですがやはりGが……と思うと。

Q 山崎実業にひとこと！

A 最高です！！！ これからも私たちを驚かせてください。大好きです。

扉が作業台にもなるブレッドケースは特にお気に入り（写真提供／山本さん）

山本瑠実（やまもと・るみ）
「素敵が溢れる暮らしの工夫」https://ameblo.jp/brille-brille/

スタイリスト
来住昌美さん

インテリアや料理のスタイリストとして活躍する来住さんは、「流せるトイレブラシスタンド タワー」をご愛用。専門家としてのご意見を伺いました。

あえてのブラックをセレクト。ものが少ない場合はブラックのほうが引き締まることも（写真提供／来住さん）

Q おすすめの山崎実業製品を教えてください。

A **流せるトイレブラシスタンド タワー** **1**

一度使うと手放せなくなった「流せるトイレブラシ」。ところがメーカーが出しているブラシスタンドは、先端部分が丸見えで、少し抵抗がありました。そんなときに出会った山崎実業のこの製品を使うことで、「流せるトイレブラシ」がすっとトイレになじんでくれました。白っぽいトイレの空間に、黒色がポイントになっている気がしています。

1

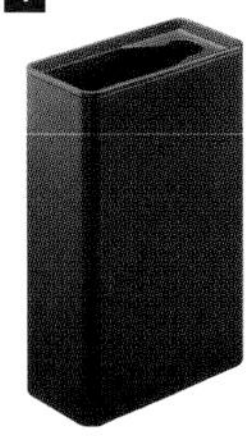

→ p112下

Q 山崎実業の製品のどんなところが良いと思いますか？

A
- ✔ **デザイン**　✔ **ニッチすぎる用途**
- ✔ **豊富なラインナップ**　✔ **価格**
- ✔ **材質・質感**　✔ **白と黒の2色展開**
- ✔ **耐久性**

定番品だけでなく、世にあるさまざまなグッズに合わせてガンガン新商品を開発してくれるところ。日本全国どんな家庭にもアジャストするものではなく、ピンポイントで、たとえばまさに「流せるトイレブラシ」を使っている家庭が、もっと使いやすく、便利になります！という商品作りの姿勢だからこそ、狭いけれどもジャストフィットするぴったり感が魅力的です。

Q はじめて山崎実業の存在を知ったのはいつごろでしたか？

A 5年ほど前。雑誌の仕事で、山崎実業の商品をレビューする機会があり、知りました。

Q いつごろから山崎実業の人気が高まってきたと感じましたか？

A 私が知ったのと同じ4〜5年前。

Q 山崎実業へのリクエストがあればどうぞ。

A 黒、白に加えて、グレーもあるとうれしいです！　特にキッチン用品。

Q 山崎実業にひとこと！

A ジャストフィット！な商品作りをありがとうございます。こんなのないかなーと探すと、絶対に山崎実業の商品に行きつきます。これからも開発よろしくお願いいたします。

来住昌美（きし・まさみ）　@3210san

スタイリスト
深川あさりさん

料理雑誌などで活躍中のスタイリスト、深川あさりさんのおすすめはトスカの「グラススタンド」。もう10年近く愛用しているとか。

Q 山崎実業の商品を何個ほどお持ちですか？

A 数個。

Q おすすめの山崎実業製品を教えてください。

A **グラススタンド トスカ** **1**

わが家は水きりかごを使用していないので、食洗機に入れられないカップやボード、洗ってすぐ使用したい器などの一時的な置き場所として、もうかれこれ7〜8年、毎日愛用しています。シンプルなデザインと使い勝手の良さ、ヘビーユースでも劣化を感じさせない丈夫な作りがお気に入りポイントです。

Q 山崎実業の製品のどんなところが良いと思いますか？

A ☑**デザイン** ☑**豊富なラインナップ** ☑**耐久性**

Q はじめて山崎実業の存在を知ったのはいつごろでしたか？

A 引っ越しをして、新しいキッチンに置く小物を探していた際に、ショップで商品を見かけて知りました。

Q いつごろから山崎実業の人気が高まってきたと感じましたか？

A グラススタンドを購入した際（7〜8年前）に、シリーズの商品がたくさん並んでいたので、そのころにはすでに人気があったのかなと思います。

木目があるキッチンにトスカシリーズはぴったり。違和感なくなじむ（写真提供／深川さん）

1

→p102上

深川あさり（ふかがわ・あさり）

料理家・国際中医薬膳師

齋藤菜々子さん

料理レシピ本大賞の「プロの選んだレシピ賞」を受賞した『基本調味料で作る体にいいスープ』などの著書で人気の齋藤菜々子さんは、やはりキッチングッズをご愛用！

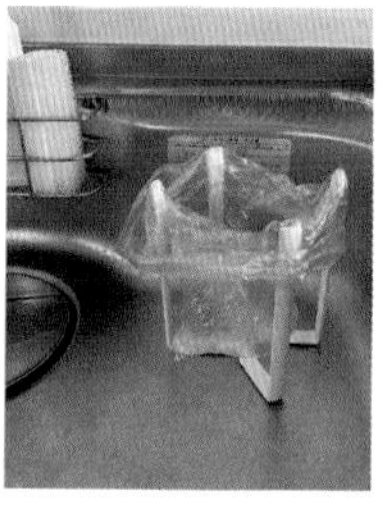

撮影中はたくさんの生ごみが出るため非常に重宝しているそう（写真提供／齋藤さん）

Q 山崎実業の商品を何個ほどお持ちですか？

A 数個。

Q おすすめの山崎実業製品を教えてください。

A **ポリ袋エコホルダー タワー** **1**

「ポリ袋エコホルダー」をいつも愛用しています。これを買うまではシンクにポリ袋を直接置いて生ごみを捨てていましたが、ポリ袋だけだと自立せず、ごみを入れにくいときもあり、小さなストレスになっていました。とてもスタイリッシュで、特に好きなのは折り畳むと非常にコンパクトなところ。使わないときは場所をとりません。材質も毎日洗って使えるので衛生的です。底には滑り止めも付いているので、コンパクトなのに使っていても安定感があります。細やかな工夫がうれしいです。

Q 山崎実業の製品のどんなところが良いと思いますか？

A ✔**デザイン**　✔**豊富なラインナップ**　✔**価格**　✔**材質・質感**

Q はじめて山崎実業の存在を知ったのはいつごろでしたか？

A おしゃれな雑貨屋さんに並んでいるのをよく店頭で見かけていました。シンプルなのでどんな場所にもなじんでいるなぁと思いました。その後、撮影の際に担当編集さんよりおすすめされて購入し、愛用しています。

Q いつごろから山崎実業の人気が高まってきたと感じましたか？

A 2～3年前だった気がします。あらゆるところで陳列されてるのを見るようになり、インスタグラムなどでもおすすめとして紹介されているのをよく目にするようになったころ。

Q 山崎実業にひとこと！

A 快適な商品をありがとうございます！

1

→ p103上

齋藤菜々子（さいとう・ななこ）　https://nanakoyakuzen.amebaownd.com
@nanako.yakuzen

料理家

新谷友里江さん

『作りおきやせスープ』をはじめ、数々の著書があり、雑誌やテレビで活躍中の新谷さん。通販などのダンボールの置き場所に困っていたそうです。

キャスター付きで簡単に動かせるのも便利。週一回の資源ごみの日までここで待機（写真提供／新谷さん）

Q おすすめの山崎実業製品を教えてください。

A ダンボールストッカータワー 1

週に2~3回は利用するネット通販や、両親がフルーツを送ってくれたり、ふるさと納税でフルーツを頼んだりするので、ダンボールはすぐにたまってしまいます。この商品は、かさばるうえにすぐ倒れてしまうダンボールを、コンパクトにしっかり収納できるのが、使っていてとても気持ちいいです。スリムなのですが、思ったよりたくさんの量を収納することができます。そして収納したままひもで縛ることができるのもとても便利です。

Q 山崎実業の製品のどんなところが良いと思いますか？

A ☑**デザイン** ☑**豊富なラインナップ** ☑**材質・質感**

こんなのが欲しいな、というものが必ずあります。

1

→ p117下

Q はじめて山崎実業の存在を知ったのはいつごろでしたか？

A 212キッチンストアなど、雑貨屋さんで見つけて知りました。

Q いつごろから山崎実業の人気が高まってきたと感じましたか？

A 4~5年前くらいから。友人の家でもよく見かけるようになりました。

Q 山崎実業へのリクエストがあればどうぞ。

A 「ダンボールストッカー」にしまうダンボールがないとき、ストッカーがコンパクトに畳めるようになったらいいな、と思ってます。ぺたんこになって隙間に収納できるとか。

新谷友里江（にいや・ゆりえ） http://cook-dn.com

エッセ編集部　副編集長

福田光さん

誌面で頻繁に山崎実業製品を紹介している人気雑誌「エッセ」。コロナ禍のころから、目に見えて読者の反応が一段と強くなったそうです。ご自身もかなりのヘビーユーザーである副編集長の福田さんに伺いました！

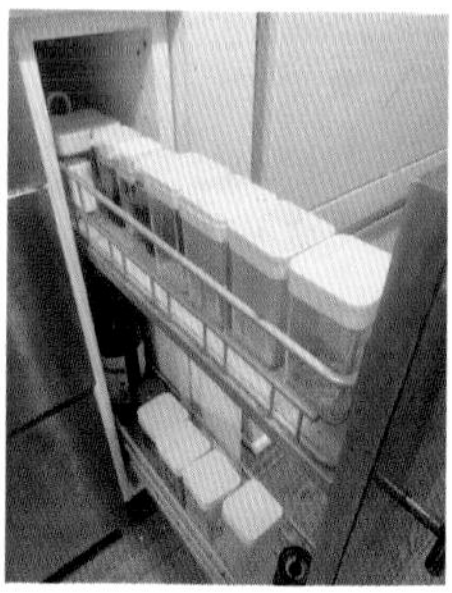

調味料だけでかなりのアイテム数！　プラスチックの質感が気に入っているそう（写真提供／福田さん）

Q 山崎実業の商品を何個ほどお持ちですか？

A 20個ほど。

Q おすすめの山崎実業製品を教えてください。

A **ツーウェイ立体マスク収納ケース タワー** 1

玄関扉に2つくっつけて、男性用／女性・子ども用と、マスクを分けて使用。「こんなの欲しかった」と〝見つけた感〟があるのがうれしい。さらにマグネットの強度もしっかりしているのが素晴らしい。読者の中には玄関扉に同じタワーの「マグネット洗濯洗剤ボールストッカー タワー」を一緒に貼り付け、マスクのごみ入れに使っている人もいました。

マグネット小麦粉&スパイスボトル タワー 2 **など調味料収納アイテム**

家の調味料入れは山崎実業で揃えています。並べたときの見た目の統一感が「使いやすそう」と思えるので、ついついキッチンの引き出し収納を開けたくなる。高級感と使いやすさが両立していて3年くらい愛用中。液体の調味料は密閉性もポイントですが、その点も安心感があるので人にもおすすめしています。

以降は、実際に使っていないが、雑誌で取り上げる際に「なるほど」と編集部がうなったアイテムです。

神札ホルダー リン 3

破魔矢やお札をしまっておく収納グッズ。自宅に神棚を持っていない人も多く、さらに置く場所に困るものだったお札や破魔矢に定位置を作ってあげられます。まさに「こんなの欲しかった」という人が多い商品。続々と新商品でほかのサイズ等も出ているので、おそらく山崎実業でも人気の商品。

1

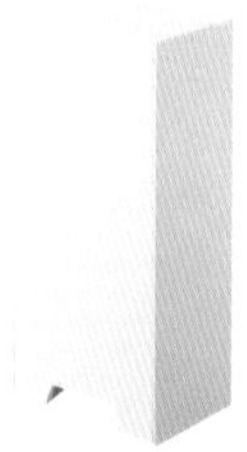

→ p115中

2

→ p107中

→ p101中

→ p117上

作品収納ボックス タワー 2個組 4

読者の悩みでも多い、子どもの工作や絵をきれいにしまえる収納ボックス。シンプルなボックスで持ち手があるのもいい。縦でも横でもしまえるのもポイントで、ざっくり入れられて、しまったときのすっきりした見た目も◎。気軽に買い足しもでき、また古い作品を捨てるときも「ここに入るだけにしようね」と子どもと相談して捨てやすい絶妙なサイズ感。

Q 山崎実業の製品のどんなところが良いと思いますか？

A ☑デザイン ☑豊富なラインナップ ☑耐久性

白（または黒）のアイテムがほとんどであることがまずは個性。それに加え、「かゆいところに手が届く」と「考えないで収納できる」ものの作り、さらにネーミングが山崎実業の商品の独自性だと思います。シンプルなものをあれこれ工夫して使いやすくしまう人向けではなく、自分や家族が収納がとにかく苦手だけど家はすっきりしたい、部屋と収納スペースに統一感が欲しいという人に特に響いている印象。

Q はじめて山崎実業の存在を知ったのはいつごろでしたか？

A 10年ほど前。収納上手な読者に使っている商品を教えてもらったとき。

Q 山崎実業へのリクエストがあればどうぞ。

A 冷蔵庫・冷凍庫内を整理収納できるアイテムの拡充をしてほしい。室内用自転車の収納グッズを作ってほしい。

Q 読者の反応は？

A 山崎実業は実は昔からちょこちょこ「エッセ」では紹介しておりました。そのときは収納ケースなどが多く、数ある収納アイテムの中のひとつという印象で、読者からの反響は多くなかったです。そこからコロナ禍でおうち時間を見直す人が増え、収納グッズが人気に。山崎実業のタワーシリーズの「ダンボールストッカー」や、マスクケースなどを取り上げたところ、「タワーシリーズが気になっていた」「山崎実業は使えるからもっと取り上げてほしい！」と読者アンケートでもメーカー名やシリーズ名を挙げてコメントしてくれる人が一気に増えました。山崎実業のアイテムは他社（ニトリや無印良品など）に比べて商品の値段が高いこともあり、「本当に使えるか知りたい」「買ってソンしないものが欲しい」という読者の声が多いです。そんなコスパ意識も上がっていることから、グッズをただ紹介するより、実例の中で「使い方」や「使った感想」を紹介することで「シリーズで揃えたくなった」「買うきっかけになった」という感想をもらうようになりました。

ESSE（扶桑社） 毎月2日発売 「ESSEonline」https://esse-online.jp

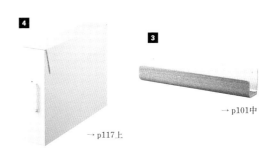

「日々のちょっとしたストレス」を解消してくれるんですよね。

――マキさんはインスタグラムやブログを通じて、ものを持たないシンプルな暮らしや、家事を楽にするためのアイデアを発信されています。そうした「シンプルライフ」を始めたきっかけはなんだったのでしょうか。

もともと私は家事が得意じゃないんです。苦手な家事よりも仕事や子育て、趣味など自分の好きなことに時間を使いたい。その時間を生み出すためにはどうすればいいかを考えて、行き着いたのが「不要な家事はしない」ということ。「しなければ」という思い込みをなくして無駄な工程を省くことが、「シンプルライフ」の基本の考え方です。

INTERVIEW

シンプルライフ研究家

マキさん

――「シンプルライフ」を実践するために、もの選びではどんな点を意識していますか？

もっとも重視しているのは「使っていてストレスがない」こと。「今よりも便利にしよう」というよりは「今あるストレスの芽を摘んでいこう」という感覚で暮らしをアップデートしています。たとえば、毎日使うものが探しづらかったり、出し入れのたびにぶつかったり……。こういう「なんとなく使いづらいな」というストレスってみなさん見過ごしがちですが、積み重なると大きい。家事は毎日のことなので、小さなストレスをなくすことで、格段に楽になるんです。

アルコールスプレーはごみ箱のすぐ近くへ配置。帰ってきたらマスクを捨て、すぐに消毒できる動線に

山崎実業の製品は使い回しがしやすい

——そんなマキさんが愛用している山崎実業の商品は？

アルコールスプレーのボトルを付けている「マグネットバスルームディスペンサーホルダー」はそのひとつです。わが家では子どもたちが帰ってきたとき、マスクを外してからキッチンのごみ箱に捨てるのがルーティンになっているので、その動線上に消毒用のアルコールも置きたい。そう考えて、ごみ箱の横にある冷蔵庫に貼り付けることにしました。

マグネットバスルーム
ディスペンサーホルダー
タワー ブラック
→ p109中

ポリ袋
エコホルダー
タワー ホワイト
→ p103上

「どんなプロセスを経てユニークな商品が誕生するのか、興味があります」とマキさん

洗面台収納内の歯ブラシホルダー。棚の色と同じブラックを選ぶことですっきり見せている

吸盤
トゥースブラシホルダー
タワー５連 ブラック
→ p111上

前の住まいでバスルームにつけていたディスペンサーホルダーは、新居では洗濯機の横へと移動

マグネットバスルーム
ディスペンサーホルダー
タワー ホワイト
→ p109中

――どんな点がお気に入りなのでしょう。

　山崎実業のアイテムはまさに、「日々のちょっとしたストレス」を解消してくれるんですよね。アルコールスプレーって家族全員が頻繁に使うものだから、ボトルが倒れてこぼれたり、使うたびにマグネットがずれたりしたらすごくストレスがたまる。それを考えると、本当にいい買い物をしたなあと実感します。

　あと私、「ツーウェイアイテム」に弱いんです。「ポリ袋エコホルダー」も、生ごみを入れるだけじゃなく、ペットボトルやマグボトルを乾かしたり、まな板を立て掛けたりできますし。多用途で使えるからこそ、あれだけのヒット商品になったのでしょうね。

――ものを持ちすぎない「シンプルライフ」では、1つのアイテムを使い回せることも重要ですよね。

　山崎実業のアイテムって押し付けがましくなく、「縁の下の力持ち」的にそっと寄り添ってくれるんですよね。どの家にあっても違和感なく、暮らしをサポートしてくれる。わが家は昨年引っ越したのですが、以前の家のバスルームで使っていた「マグネットバスルームディスペンサーホルダー」が、新しい家ではマグネットが付かないので使えなくて。でも、スプレーを引っ掛けて洗濯機の横に付けて置いています。引っ越したあとでも、違う形で使えるのもいいところですよね。

「山崎実業を応援したい！」という気持ちも

――ちなみに、マキさんがいちばん初めに山崎実業のアイテムを認識したのはいつごろですか？

　まだ山崎実業の名前を知らない6〜7年前から、ハンズとかで見かけて買っていました。それらが「タワー」というシリーズなんだと知ったのは、インスタグラムで人気が広まり始めてからですね。

――ほかのメーカーのものとの比較において、山崎実業を選ぶときの決め手はなんでしょうか。

　実は「ポリ袋エコホルダー」も、最初は100円ショップで似たようなものを買ったんですよ。でもプラスチック製ですぐ倒れるし、マグボトルのような重量のあるものは立て掛けられない。まさにマグネットのずれと同じで、小さいことでも使っていてストレスになるんですよね。

　それで「やっぱり本家にしよう」と買ったら、やっぱりめちゃくちゃいい（笑）。ちゃんとグリップが付いていてずれないようになっているし、丈夫で長く使えるし。安かろう悪かろうじゃダメだな、と実感しました。

　もちろん100均で選ぶこともありますけど、落としたり、割れたりしたら困るもの、子どもが扱うものは、多少値段が高くなっても、山崎実業さんのものを選びたいですよね。「山崎実業さんなら、マグネット強度も大丈夫だよね」という信頼感もあります。

――それだけお金を払う価値があるとい

うことですよね。

これだけ似たような商品が増えてくると、「山崎実業を応援したい！」という気持ちもありますよね。ミニカーや動物をしまうためだけのアイテムのような、ほかにはない商品を作り続けてほしいですから。ああいうピンポイントな商品の企画も通るのがすごいですよね。「まずはやってみようよ！」という社風の、かなり懐の広い会社なのかなと想像します（笑）。人気のマスクホルダーにしても、山崎実業がいろんなタイプの商品をいち早く出してくれたおかげで、私たちの選択肢の幅も広がった。そのチャレンジ精神を応援したいです。

——今後、山崎実業でこんな商品を開発してほしいというものはありますか？

ガーデニング系のマグネットグッズを増やしてほしいです。鉢の横にジョウロや剪定ばさみを浮かせて収納できるとか（笑）。山崎実業さんの強力なマグネットなら、天井や鴨居からも鉢を吊るせそうじゃないですか？ バスルームやキッチンなど水まわりに強い商品を作っていただいているので、植物関係にもマグネットやフィルムシールが応用できると思うんですよね！ 期待しています。

ミニカー＆レール
トイラック タワー
→ p116上

恐竜＆アニマル
収納ケージ タワー
→ p116上

マキ（まき）

シンプルライフ研究家。夫と２人の娘と暮らすワーキングマザー。公式サイト「エコナセイカツ」やオンラインサロン「シンプルライフ研究会」で心地よく生きるための家事のコツや心がけ、暮らしが楽になるヒントを発信。ブランドとのコラボ企画、住宅プロデュースなども手掛ける。『持たない ていねいな暮らし』（すばる舎）、『笑う家事には福来る』（主婦の友社）など著書多数。

「エコナセイカツ」
https://www.econaseikatsu.com

@econaseikatsu.maki

YouTubeチャンネル「エコナセイカツ」
@econaseikatsumaki

part 3

山崎実業
商品カタログ

本書に登場した商品を一挙ご紹介。
次に買うもののご参考に。
これでもまだ全商品のごく一部です！

写真提供／山崎実業株式会社

マグネット
ティッシュケース
タワー

4001 4002

こちらもマグネットで貼り付けるだけ。キッチンペーパーや高さのあるティッシュボックス対応。そのまま置いても使える。

➡ p75

マグネット
コンパクトティッシュケース
タワー

5094 5095

マグネットで貼り付けられる袋入りソフトパック対応のコンパクトなケース。ソフトパック300枚（150組）まで対応。

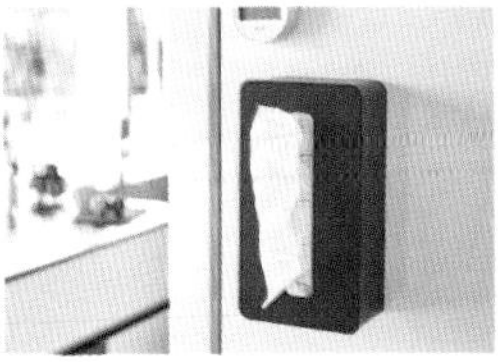

➡ p67

ティッシュ & ウェットシート
ケース
リン

5698 5699

上段にはウェットティッシュや小物が置けるティッシュケース。スチールに高級感があり、スリムなので置き場所も選ばない。

➡ p35

トラッシュカン
タワー 角型

2915 2916

リビングやワークスペースなど、どんなスペースにも合うシンプルでスタイリッシュなポリ袋ストッパー付きスチールごみ箱。

➡ p3

vivora
シーティングボール
ルーノ シェニール

800 801 802

vivoraのバランスボールは山崎実業が輸入を手掛けている。布で覆われ、ソファのような手触り。軽量で持ち運びもしやすい。

➡ p66

台車
タワー

5328 5329

シンプルでどんなインテリアにもなじむ。耐荷重は約100kg。観葉植物を置いたり、押し入れや机の下の収納にも便利。

➡ p31,35

テーブル下収納ラック
タワー

5481 5482

リモコンやティッシュをテーブル下に一括収納。テーブル裏に木ネジで固定するだけ。ティッシュを引き出せるのが便利。

➡ p31

裁縫箱
タワー

5060 5061

スタイリッシュな裁縫箱。上段のトレーはスライド式で、縦・横どちらでも収納できる。蓋を裏返せばトレーとして使用可。

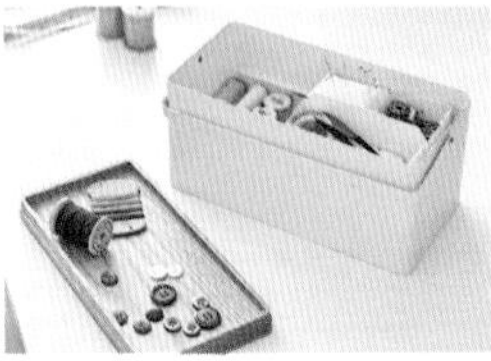

➡ p83

リモコンラック
リン

6492 7361

リビングにぴったりな、優美なカーブを描く木目のリモコンラック。手前には携帯電話もしっかりと入るようになっている。

➡ p3

蓋付き
ペーパータオルケース
タワー

4761 4762

紙を取り出すときに浮きにくい重量感あるスチール製の蓋。錆びにくい表面処理を施しているので水まわりでも OK。

➡ p54

ティッシュケース
レギュラーサイズ
タワー

5583 5584

高さ約 7cmまでの一般的なティッシュボックスが入る。置き型タイプだが木ネジが付いているので壁付けでも使用可。

➡ p3

蓋付きティッシュケース
リン L

7729 7730

一般家庭のリビングはもちろん、店舗・オフィスにも合うシンプルなデザインの蓋付きティッシュケース。

➡ p55

神札スタンド
タワー シングル

5836 5837

スタンドタイプの神札置き場。一体の神札を祀ることができるタイプ（複数置けるタイプもあり）。スリット入りで安定する。

➡ p122

神札ホルダー
リン

5282 5283

意外と置き場所に悩む神札や破魔矢の定位置になる、木目が美しい専用のホルダー。壁に付属の木ネジなどで固定するだけ。

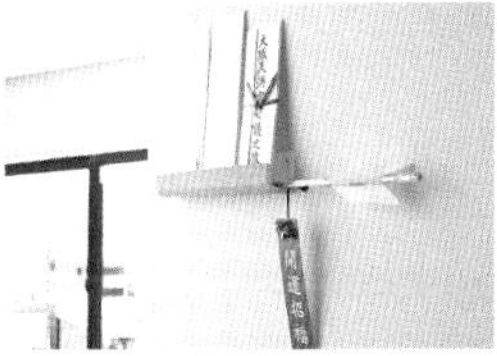

➡ p93,128

熊手 & 福笹ホルダー
タワー

5292 5293

付属の石膏ボード用プッシュピンか木ネジで壁に簡単固定。置き場所に困りがちな熊手や福笹、ドライフラワーなどを設置できる。

➡ p122

キッチン

スリム水切りバスケット
タワー ロング

4314 4315

キッチンの狭いシンク横にも置けるスリムで長い水切りバスケット。たまった水が直接シンクへ流れる便利な設計。

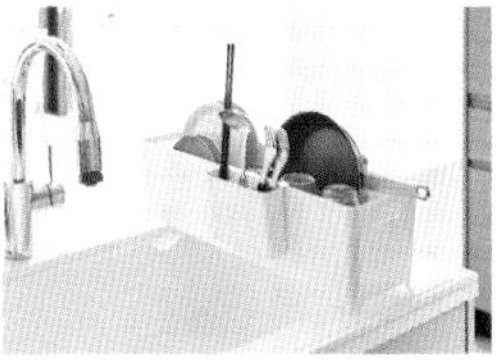

➡ p18

折り畳み水切り
タワー
シリコーントレー付き L

5054 5055

巻いて収納できる折り畳み水切り。小物が置けるトレー付き。小さなものでも水切りできる。調理台の延長としても使用可。

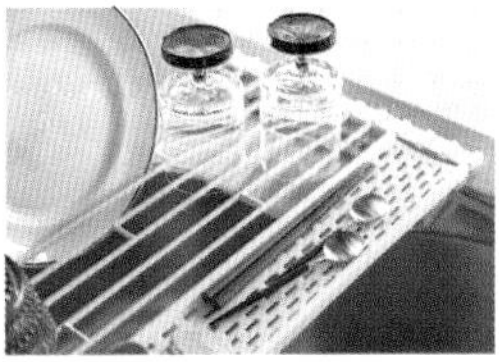

➡ p44,73

折り畳み水切りラック
タワー S

7837 7838

省スペースタイプの便利な水切りラック。使わないときはくるっと巻いてコンパクトに収納。簡単に洗え､常に清潔に使える。

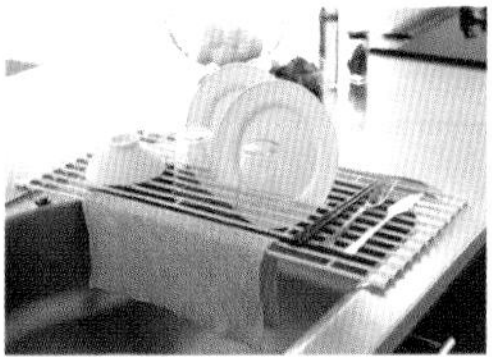

➡ p27

グラススタンド
トスカ

7826

すっきりとした白いスチールと木の組み合わせが美しいスタンド。グラスをきれいに収納できる。シリコーンクッション付き。

➡ p89

グラススタンド
タワー スリム

2847 2848

グラスやマグカップの水切り・収納に便利。滑り止めキャップと水受けトレー付き。鍋蓋、まな板なども立てられる。

➡ p59

伸縮水切りラック
タワー

2873 2874

38 ～ 58cmまで伸縮するのでシンクの隅にぴったりフィット。スリットには皿が立てられる。カトラリーポケット 2 個付き。

➡ p6

折り畳み布巾ハンガー
タワー

2787 2788

簡単に広げてスリムに折り畳める 3 枚掛けの布巾ハンガー。折り畳めば幅が約 2cmとスリムになるので、収納場所に困らない。

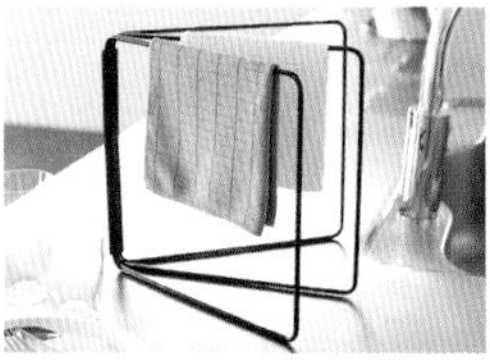

➡ p63

布巾ハンガー
タワー

7145 7146

シンプルでスタイリッシュな 3 枚掛けの布巾ハンガー。付属品にフックが付いているので、スポンジなどの小物も干せる。

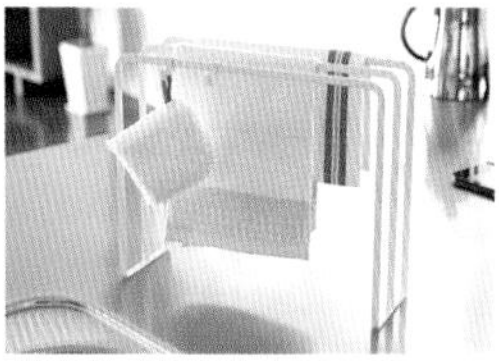

➡ p27,126

水が流れる
スポンジ & ボトルホルダー
タワー

5016 5017

水が流れる構造のトレーが特徴。スポンジから出る水を直接シンクに流せる。スポンジとボトルの位置は左右入れ替え可能。

➡ p39,59

マグネット
キッチンペーパーホルダー
タワー ワイド

5216 5217

マグネットで簡単に取り付けられるキッチンペーパーホルダーのワイド版。海外製の大判タイプも収納可。布巾干しやタオル掛けとしても。

➡ p62

マグネット
キッチンペーパーホルダー
タワー

7127 7128

冷蔵庫横などにマグネットで簡単取り付けできるキッチンペーパーホルダー。横向きに使えばタオルも掛けられる。

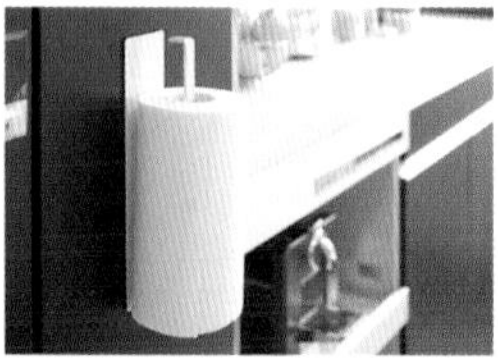

➡ p28,85

片手で切れる
キッチンペーパーホルダー
プレート

3260

片手でさっと楽に切れるホルダー。すーっと出してさっと引くだけ。土台にしっかりとした重さがあり、抜群の安定感。大判ロールにも対応。

➡ p126

蛇口にかける スポンジホルダー タワー

4388 4389

蛇口を挟み込むだけでしっかりホールドするのでずり落ちない。シリコンカバーで蛇口やシンクを傷つける心配なし。

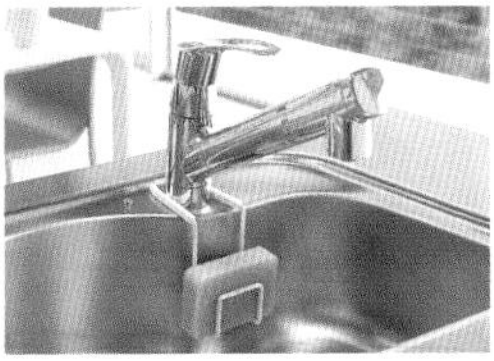

➡ p44

ポリ袋エコホルダー タワー L

3180 3181

大人気のホルダーの大きいサイズ。大きめの水筒の水切りなどにも使える。まな板、レシピ本、タブレット立てとしても活用可。

➡ p70

ポリ袋エコホルダー タワー

6787 6788

大人気商品。ポリ袋を四隅に引っ掛けて三角コーナー代わりのごみ箱に。洗ったペットボトルなどを乾かすのにも使える。

➡ p6,18,27,39,44,59,63,77,84,90,95

片手でカットマグネット キッチンペーパーホルダー タワー

4941 4942

片手でキッチンペーパーをカットできるホルダー。冷蔵庫などに強力マグネットで簡単取り付け。大判タイプにも対応。

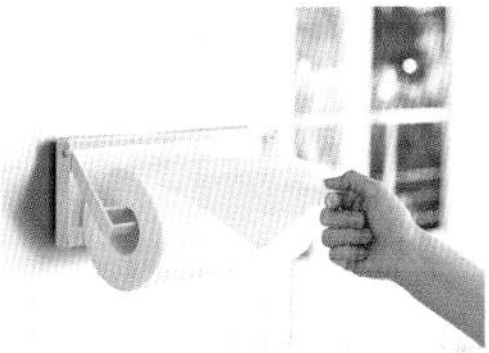

➡ p44,70

シンク扉タオルホルダー タワー

4250 4251

マグネットで貼り付けられないシンク扉にはこちら。シンク扉の上部に引っ掛けるだけ。戸棚下にも取り付け可能。

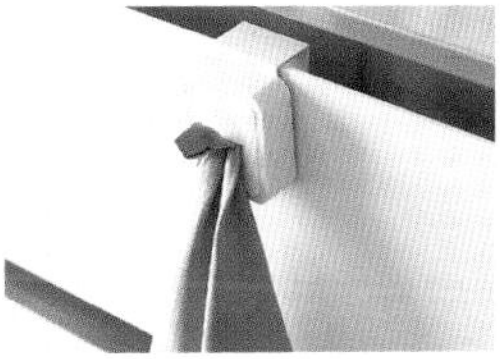

➡ p44

マグネット キッチンタオルホルダー タワー

4248 4249

タオルや布巾を指で差し込むだけでしっかりと引っ掛かるホルダー。冷蔵庫やシンク扉などにマグネットで簡単取り付け。

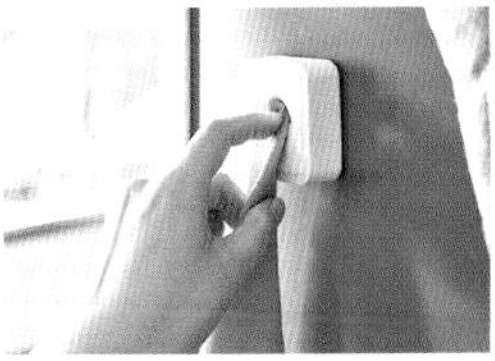

➡ p121

シンク扉ゴミ袋ホルダー タオルハンガー付き タワー

5027 5028

引っ掛けるだけの簡単取り付け。扉の外側にはタオルハンガー、扉の内側にはごみ袋ホルダーが3段付いている。

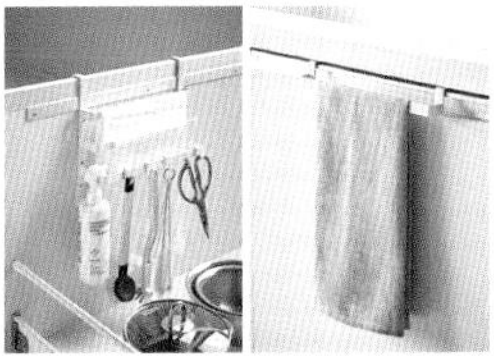

➡ p44

シンク下 伸縮 鍋蓋 & フライパンスタンド タワー

3840 3841

伸縮してスペースにぴったりフィットするスタンド。仕切りパーツの位置は収納するフライパンなどに応じて3cmごとに調整可能。持ち手置き付き。

➡ p63

戸棚下収納ラック タワー L

7111 7112

吊り下げ戸棚に差し込み、ラップ類や調理器具などを収納できる。スペースを有効利用しつつ、キッチンの使い勝手も向上。

➡ p39

ツーウェイ レジ袋ストッカー タワー

5437 **5438**

上から入れて下からさっと取り出せるレジ袋ストッカー。強力マグネットでしっかり固定。付属の木ネジで板壁などにも。

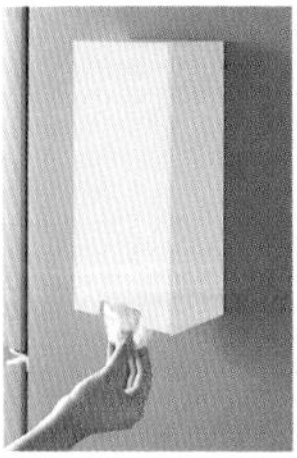

➡ p39

マグネット 冷蔵庫サイドラック タワー

2744 **2745**

マグネットで簡単取り付け。上段にはラップ類、中段にはキッチンペーパーや布巾、下段には鍋つかみ、栓抜きなどを収納。

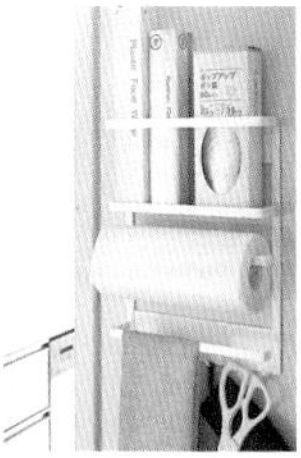

➡ p39

マグネット キッチントレーホルダー タワー 2個組

5050 **5051**

オーブン天板やトースター天板などのトレー類を一括収納。幅の調整も可。レシピホルダーやフックにもなる。

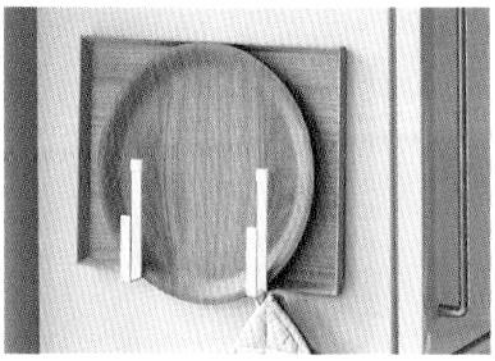

➡ p28

詰め替え用 キッチンディスペンサー タワー

4829 **4830**

落ち着いたマットな質感のスリムでコンパクトなディスペンサーボトル。パーツは分解して洗える。ハンドソープなどにも。

➡ p39

キッチン 自立式スチールパネル タワー 縦型

5124 **5125**

キッチンに磁石が付く壁面がなくてもマグネット収納ツールを自由に組み合わせて使えるパネル。油はねガードとしても。

➡ p44,70

マグネット 鍋蓋ホルダー タワー

5140 **5141**

マグネットが付く壁面に取り付け。 鍋やフライパンの蓋をしっかりホールド。「キッチン自立式スチールパネル」対応。

➡ p70

ベジタブルストッカー タワー

5020 **5021**

常温で保存できる根菜の収納に便利な可動式の仕切り付きストッカー。2個までスタッキング可。通気性も抜群。

➡ p39,58

トレースタンド タワー

5052 **5053**

置き場所に困りがちなトレーやオーブン天板、ホットプレートの替え天板を収納できるスタンド。引き出しの中の収納にも。

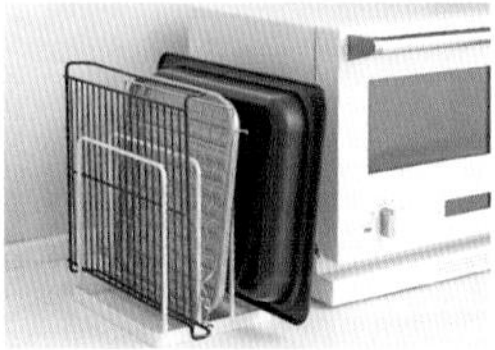

➡ p39,46

お玉 & 鍋ふたスタンド タワー

2248 **2249**

お玉や菜箸、鍋蓋のちょい置きスタンド。重い鍋蓋を置いてもぐらつくことのない安定感。トレーは取り外して洗える。

➡ p26,44

**マグネット
調味料ストッカーラック
タワー**

5132 5133

マグネットが付く壁面に取り付け。棚はフラットで取り出しやすい構造。別売の「キッチン自立式スチールパネル」対応。

➡ p27,70

**マグネット
調味料ストッカー
タワー**

4817 4818

マグネットが付く冷蔵庫などに取り付けられる調味料容器シリーズ。容器本体に収納できる小さじスプーン（5ml）が付属する。

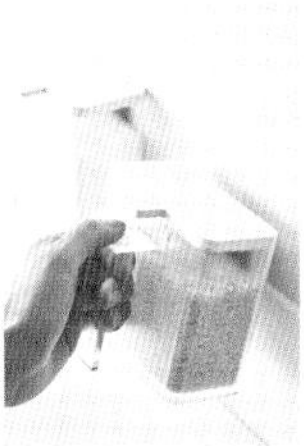

➡ p44

**マグネット
包丁スタンド
タワー**

5148 5149

マグネットが付く壁面にならどこにでも取り付けられる包丁スタンド。別売の「キッチン自立式スチールパネル」にも対応。

➡ p39

**奥行ワイド棚付き
伸縮排気口カバー
タワー**

5248 5249

コンロの排気口に飛び散る油はね・調理くずなどを防ぐためのカバー。スパイスや調味料、鍋やフライパンが置ける。

➡ p85

**排気口カバー
タワー**

2454 2455

グリル排気口に置くだけで飛び散る油や調理汚れをしっかりガード。キッチンの掃除がぐんと楽になる。

➡ p21,26,71

**片手で出せる
ディスペンサー
タワー**

5213 5214

片手で押すだけでスポンジに直接洗剤が付くディスペンサー。分解掃除もOK。化粧水やアルコール（95%まで）にも対応。

➡ p44

**伸縮レンジラック
タワー**

3130 3131

シンプルで使いやすい伸縮可能な電子レンジ収納ラック。幅は約47.5～75cmの間で調整可。大型レンジも収納可能。

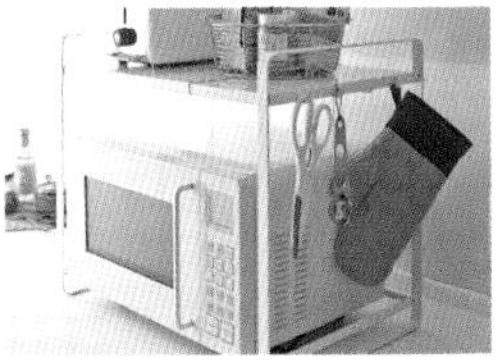

➡ p73

**シンク上キッチン
収納ラック
プレート**

3490

キッチンのちょっとした隙間を活用できるシェルフ。調味料、キッチン道具を一括収納。棚の高さは5cm間隔で調整可。

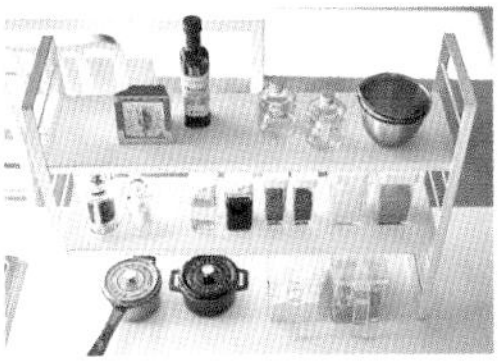

➡ p39

**伸縮 & スライド
カトラリートレー
タワー**

3382 3383

伸縮するから引き出しのサイズにフィットするカトラリートレー。スプーンなどはもちろん、菜箸やフライ返しも収納可。

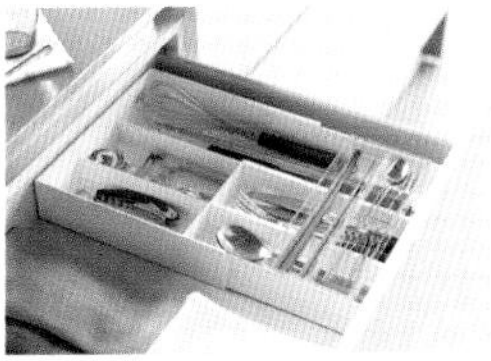

➡ p87,120

キッチン コの字ラック トスカ L

3923

キッチントップや食器棚などに収納スペースを作り出せるコの字ラック。2段までスタッキングして使用することができる。

➡ p126

収納ボックス下収納ラック タワー 2個組

5566 5567

食器棚や戸棚下などでマグボトルやフリーザーバッグのボックスなどを収納するのに最適なラック。高さは約9.5cm。

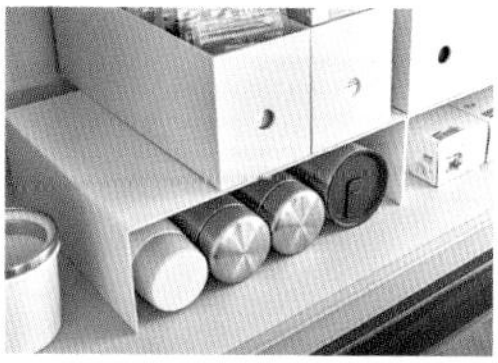

➡ p47

ディッシュストレージ タワー ワイド

7914 7915

食器棚の散らかりがちな皿などをたっぷり一括収納。上下を逆にして戸棚に引っ掛けてラックにすることもできる。

➡ p29

密閉 袋ごと米びつ タワー 5kg 計量カップ付

3375 3376

5kgの米が袋ごと入り、パッキンでしっかり密閉できる。段差目盛りでひと目でわかる段々米計量カップ付き。無洗米対応。

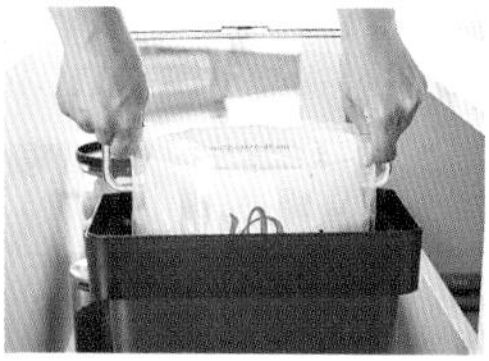

➡ p20,59,86

密閉 シンク下米びつ タワー 5kg 計量カップ付

3377 3378

キッチンの引き出しに合う米びつ。パッキンで密閉され、米が最後まできれいにすくえる。残量がわかりやすい透明蓋。

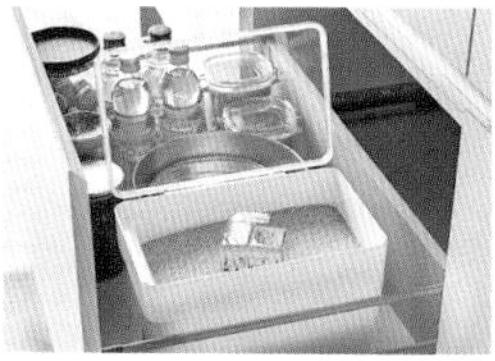

➡ p7,30,87,120

立って置ける しゃもじ タワー

2871 2872

立つ・置く・掛けると便利に収納できるしゃもじ。すくう面はお米がつきにくいエンボス加工が施されている。

➡ p29

ドライフードストッカー タワー

4952 4953

スライド式の蓋のストッカー。シリアルやナッツ、米や粉類、ペットフードの保存に便利。部品はすべて分解して洗える。

➡ p86

ブレッドケース タワー

4352 4353

パンや調味料などをすっきりとまとめて収納できる27Lの大容量ブレッドケース。上にはトースターなどを置ける。

➡ p19,54,87

スパイスボトル タワー

2863 2864

前後に蓋をスライドさせることで、使いたい量を調節できる調味料保存容器。四角い形状で引き出しなどに無駄なくすっきり収納。

➡ p29

シリコーン調理スプーン タワー

4272 4273

先端が浮くので清潔。5ml・15mlが量れるメモリ付き。シリコーン製で滑りにくく、フライパン、鍋などを傷つけない。

➡ p73

シリコーン菜箸 タワー

4274 4275

菜箸の先を浮かせて置ける菜箸キーパー付き。太めで転がりにくい角型形状で、麺や小さい食材がしっかりつかめる。

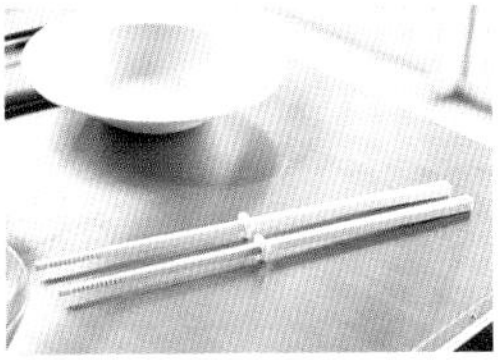

➡ p26,73

シリコーンお玉 タワー

5189 5190

熱に強く、弾力性があり、カレーなども残さずきれいにすくえるお玉。先端が浮くので直置きにならず清潔。

➡ p78

マグネット プッシュ式醤油差し タワー

4815 4816

マグネットが付く冷蔵庫やパネルに貼り付けられる調味料容器シリーズの、ワンプッシュで少しずつ注げる醤油差し。

➡ p44

マグネット スパイスボトル タワー

4813 4814

マグネットが付く冷蔵庫やパネルに貼り付けられる調味料容器シリーズ。使う量を片手で調節できるなど使い勝手も抜群。

➡ p44,70

マグネット 小麦粉＆スパイスボトル タワー

4819 4820

マグネットが付く冷蔵庫などに貼り付けられる調味料容器シリーズ。さらさらタイプの小麦粉やスパイスをふりかけられる。

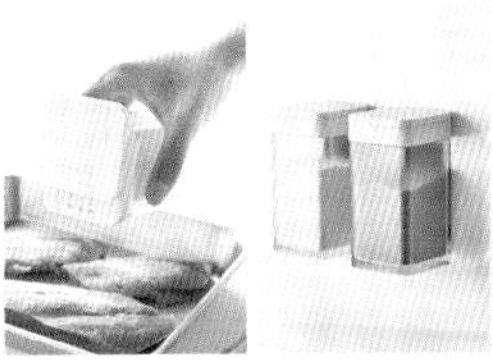

➡ p44,59,92

蓋付きカトラリースタンド タワー

5372 5373

カトラリー類をスリムに立ててコンパクト収納。底面には音や滑りを防止するマット付き。パーツはすべて分解して洗える。

➡ p39

蓋付きカトラリーケース リン ロング

5405 5406

木目が美しいカトラリーケース。ほこりやごみが気にならない蓋付き。カトラリー、爪楊枝や箸置きなども一括収納。

➡ p39

コーヒーペーパーフィルターケース トスカ

3802

蓋付きでしっかり収納できて取り出しやすいコーヒーペーパーフィルターケース。 木目がナチュラルな風合いを演出。

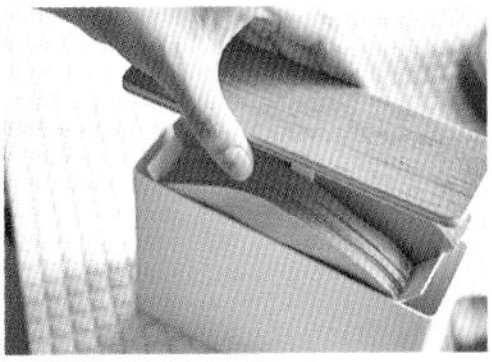

➡ p120

引っ掛け風呂イス タワー SH30

5526 5527

浴室のタオルバーなどに掛けて乾かせるフック付き風呂いす。バスカウンター付き浴室に最適な、座面の高さ 30㎝タイプ。

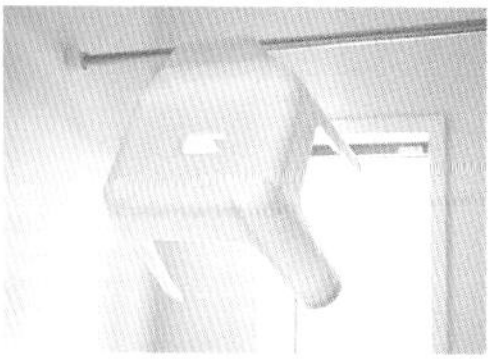

➡ p82

引っ掛け風呂イス タワー

5383 5384

浴室のタオルバーやシャワーフック、浴室の扉のハンドルに掛けて乾かせるから衛生的。ゆったり座れるデザイン。

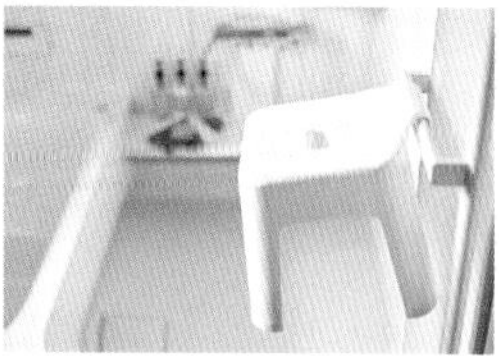

➡ p45,58

バスルームゴミ箱 タワー

5538 5539

入浴剤の小袋や、シャンプーなどを詰め替えたあとの袋、抜け落ちた毛髪など、浴室で出るごみをさっと捨てられるごみ箱。

➡ p57

マグネット バスルームラック ミスト ワイド

4237

マグネットが付く壁面に取り付けられるワイドラック。ディスペンサーボトルの追加棚として便利。底部は水はけのよい溝状。

➡ p40

マグネット バスルームラック タワー ロング

4858 4859

マグネットバスルームラックのロングタイプ。幅は 60㎝あり、底部は水はけのよい溝構造で、浴室の小物を一括収納できる。

➡ p85

マグネット バスルームラック タワー

3269 3270

マグネットが付く壁面に取り付けられるラック。石鹸、歯ブラシなどの収納にも。ディスペンサーボトルの追加棚にしても。

➡ p24,40

マグネットバスルーム シェーバーホルダー ミスト

4714

こちらもマグネット式のシェーバーホルダー。タワーは下にフックがあるが、ミストは上にある。ブラシなども引っ掛け可。

➡ p40

マグネット バスルームシェーバー ホルダー タワー

4706 4707

マグネットが付く浴室壁面に取り付けられるシェーバーホルダー。置き場所に困るブラシやバス小物の収納にも。

➡ p24

マグネット ディスペンサーホルダー タワー 3連

5730 5731

マグネットディスペンサーホルダーが3連になったもの。こちらもそのままポンプを押してもずれず、楽に液体を出せる。

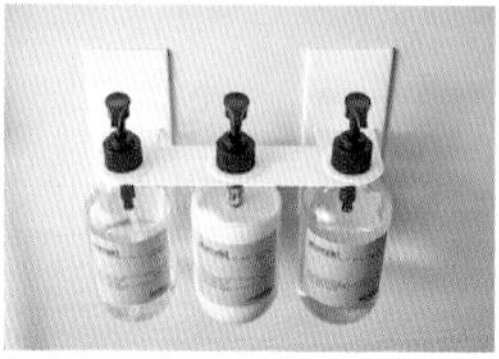

➡ p5

マグネットバスルーム
コーナーおもちゃラック
タワー

4264 **4265**

浴室のコーナーにマグネットで簡単に取り付けられるおもちゃラック。ボトル類などの収納にも。水切りもしっかりできる。

➡ p84

マグネット
タブレットホルダー
タワー

4984 **4985**

マグネットで壁面などに取り付け、スマホなどを固定できるホルダー。タブレットまでさまざまなサイズに対応。

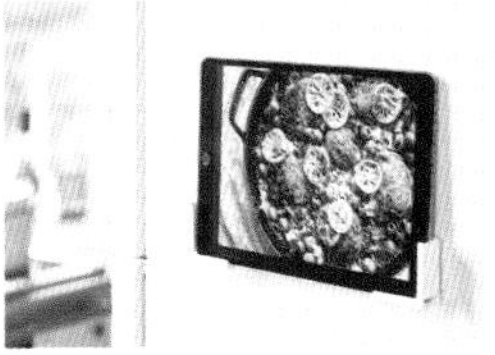

➡ p45

マグネット
水切りワイパー
タワー

5451 **5452**

浴室の壁や鏡に使えるシリコーン製水切りワイパー。強力マグネットで取り付けは簡単。30cmまでの鏡は一発で水切り可。

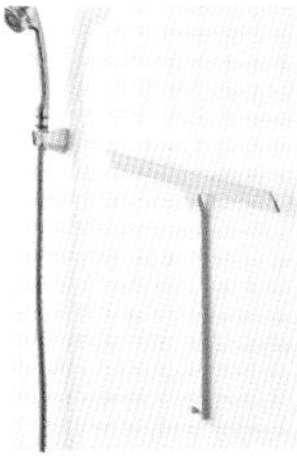

➡ p45,79

マグネット
ディスペンサーホルダー
タワー 泡タイプ

5226 **5227**

泡タイプのディスペンサーのボトルに対応したもので、穴が大きめ。そのままポンプを押してもずれない。

➡ p40

マグネットバスルーム
ディスペンサーホルダー
タワー

4867 **4868**

ディスペンサーをマグネットで好きな位置に設置できる。浮かせるからボトルの底がぬめらない。ポンプを押してもずれない。

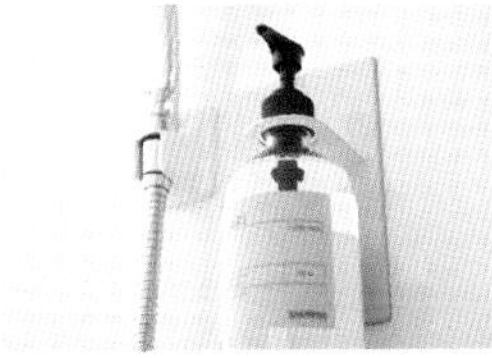

➡ p40,95,96

マグネット
ツーウェイ
ディスペンサー
タワー

シャンプー
4258 **4259**
コンディショナー
4260 **4261**
ボディソープ
4262 **4263**

マグネットが付く壁面に取り付けられるディスペンサーボトル。ポンプを押してもずれない。蓋ごと外れて手入れが楽。

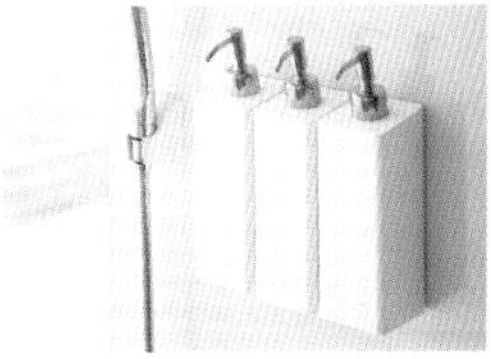

➡ p24,45

マグネットバスルーム
チューブ & ボトルホルダー
タワー M ダブル

5506 **5507**

マグネットバスルームチューブ&ボトルホルダーMの2連タイプ。上から入れるだけの簡単設計。

➡ p45

マグネットバスルーム
チューブ & ボトルホルダー
タワー M

5503 **5504**

上から入れるだけの簡単設計。チューブやボトルを収納できる。底に当たる面を少なくすることでぬめりを防止。

➡ p45

マグネットバスルーム
シェーバーフォーム &
シェーバーホルダー タワー

5512 **5513**

シェーバーとシェービングフォームをまとめて収納できるホルダー。底に当たる面を少なくすることでぬめりを防止。

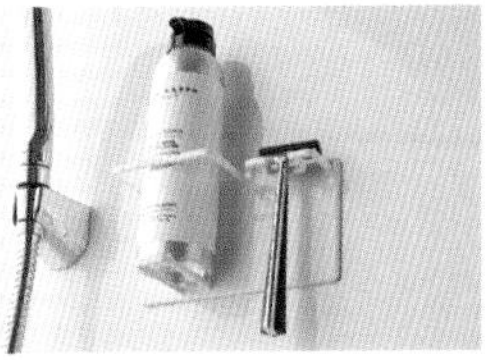

➡ p45

マグネット
バスルームフック
タワー

3271 3272

マグネットが付く浴室壁面に取り付けられる5連フック。風呂桶、片手桶、ブラシ、風呂掃除道具などの収納に便利。

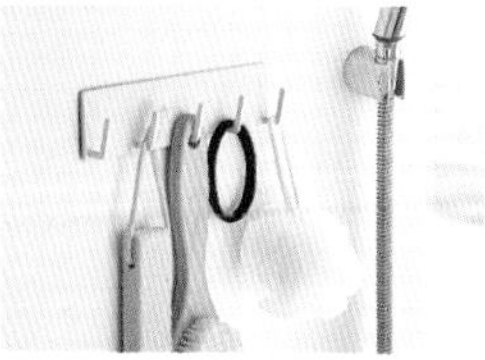

➡ p45

マグネット
バスルームタオルハンガー
タワー ワイド

4596 4597

壁面を傷つけにくく、錆びにくいラバータイプのマグネットで簡単取り付け。スプレーボトルを掛けておくのにも便利。

➡ p40

マグネット
お風呂入浴剤ストッカー
タワー

5748 5749

固形入浴剤を収納できるストッカー。マグネットが付く浴室の壁面や洗濯機に取り付け可能。スリムで出し入れしやすい。

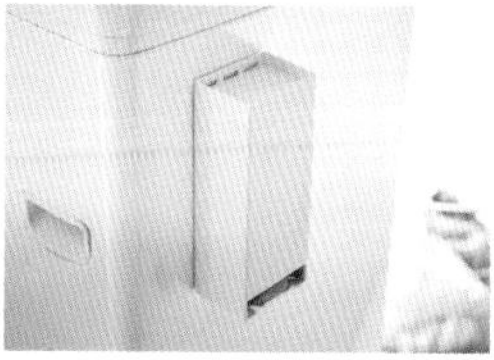

➡ p78

ソープトレー
フロー

7395 7398

平らな面で石鹸を支えながら斜面で水を切ることができる機能的なソープトレー。シンプルなのでどんな場所にもなじむ。

➡ p127

フィルムフック
マグネットタンブラー
タワー

5487 5488

フィルムフックで貼り付けたホルダーに、タンブラーをマグネットで浮かせて収納。宙に浮かせられるからぬめらず衛生的。

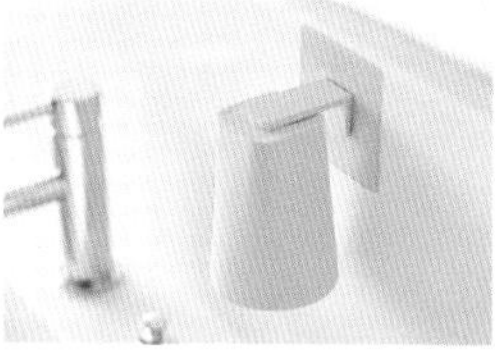

➡ p48,67

ドライヤーホルダー
ポーテス

7581 7582

洗面台の扉に掛けるだけのシンプルなドライヤーホルダー。コードも巻いてすっきりと収納することができる。

➡ p41

ランドリー

マグネット
スプレーボトル
タワー

5380 5381

マグネットが付く壁面に簡単収納。さっと脱着できるので家事がスムーズに。スプレーを霧状と直射に切り替え可。

➡ p24,45

詰め替え用
ディスペンサー
タワー 泡タイプ

5207 5208

置き場に困らないスタイリッシュな設計の泡タイプ洗剤専用ディスペンサー。 蓋が外れるので詰め替え・お手入れが簡単。

➡ p41,48

ウォールペーパーホルダー
タワー

5441 5442

置いても、壁に付けても使える、スマートなペーパーホルダー。石膏ボードピンで壁に取り付け可。ティッシュなどに対応。

➡ p62

吸盤
トゥースブラシホルダー
タワー 5 連

3285 3286

吸盤で簡単に取り付けられる歯ブラシホルダー。洗面室や浴室の壁面などに歯ブラシ 5 本をコンパクトに収納。

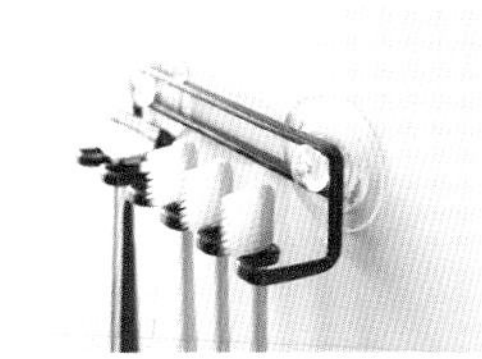

➡ p96

マグネット
バスルーム物干しハンガー
タワー

4712 4713

マグネットが付く浴室壁面に取り付けられる物干しハンガー。浴室乾燥のときに便利。マグネットは超強力でずれる心配なし。

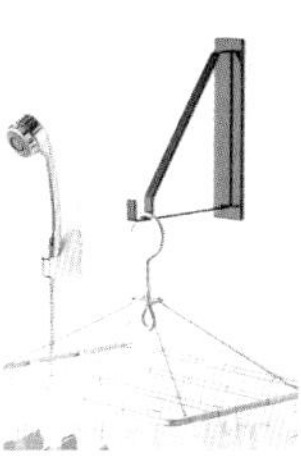

➡ p23

マグネット
バスルーム折り畳み棚
タワー

5532 5533

ペットボトルやスマートフォンなどが置ける。幅 20cm（有効内寸）の大きめサイズ。使わないときは折り畳んで収納。

➡ p48

フィルムフック
歯磨き粉チューブホルダー
タワー

5625 5626

歯磨き粉チューブを浮かせて収納。ハンドルを回してチューブの中身がきれいに絞り出せる。チューブがぬめらず衛生的。

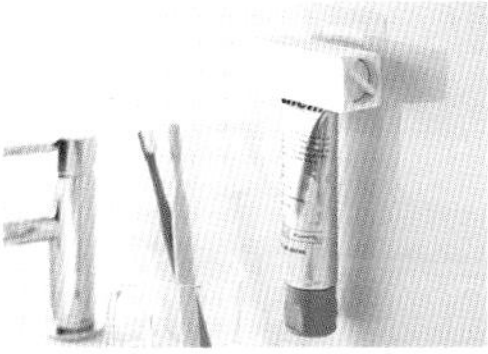

➡ p48

フィルムフック
ワイドクリップ
ミスト 2 個組

5955

フィルムフックで好きな位置に取り付けられるクリップ。チューブ、ハンドタオル、キッチン小物などを浮かせて収納。

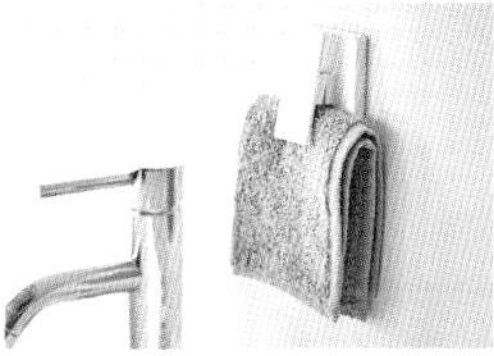

➡ p28

フィルムフック
タオルホルダー
タワー

5629 5630

フィルムフックで簡単取り付け。指で差し込むだけのタオルホルダー。家族のタオルの使い分けにも便利。

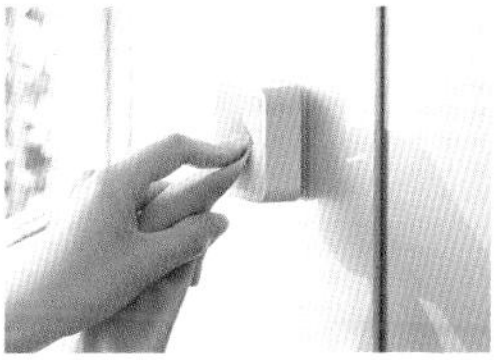

➡ p27

ホースホルダー付き
洗濯機横マグネットラック
タワー

4768 4769

強力マグネットで洗濯機の側面に簡単取り付け。給水ホースや洗濯用洗剤、小物などを洗濯機の側面に一括収納できる。

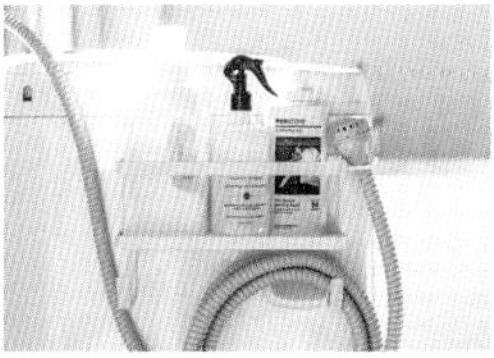

➡ p41

洗濯機横マグネット
折り畳み棚
タワー

5096 5097

マグネットで洗濯機の正面や側面に設置。バスタオルなどを一時置きできる。曲面にも設置可。畳むと奥行き約 4cm。

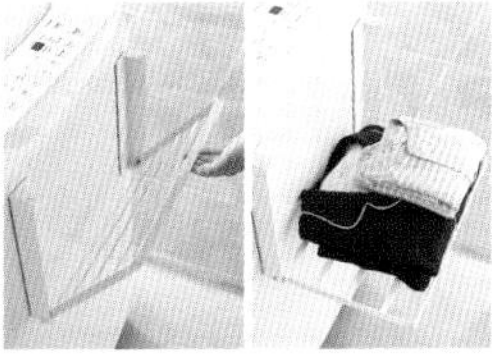

➡ p41,67

マグネット
スプレーフック
タワー 2 個組

5072 5073

洗濯機や冷蔵庫など、必要な場所にスプレーを設置できるフック。横向きにして引っ掛けフックとしても使用可。

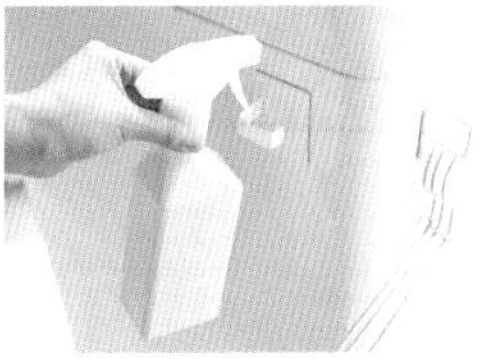

➡ p27

洗濯機横マグネットタオルハンガー２段 タワー

2956

バスタオルやバスマットなどを洗濯機横に強力マグネットでスリムに干せる。バーは2段式で、横から掛けることができる。

➡ p67

マグネット洗濯ハンガー収納ラック タワー

3623 3624

洗濯機横の隙間に、かさばる洗濯ハンガーをスリムに一括収納できる。取り出しやすくて作業が楽に。洗濯ばさみも収納可。

➡ p41,126

マグネット洗濯洗剤ボールストッカー タワー

4266 4267

洗濯機横に簡単取り付け。洗濯洗剤ボールをすっきり収納。洗濯粉末洗剤や洗濯ばさみを収納したり、ごみ箱にしても。

➡ p30,39,70

珪藻土バスマット持ち上げフック タワー

5676 5677

持ち上げにくい珪藻土バスマットをさっと持ち上げられるフック。厚み約8.5～9.5㎜の珪藻土バスマットに対応。

➡ p48

ランドリー室内干しハンガー タワー

4930 4931

浴室の扉やドア、リビングの鴨居に掛けるだけで、便利な室内ハンガーに早変わり。雨の日の部屋干しにぴったり。

➡ p49

ハンガー収納ラック タワー

4318 4319

ハンガーを引っ掛けて一括収納できるラック。ハンガー同士が絡まることなく、取り出しやすくてとても便利。

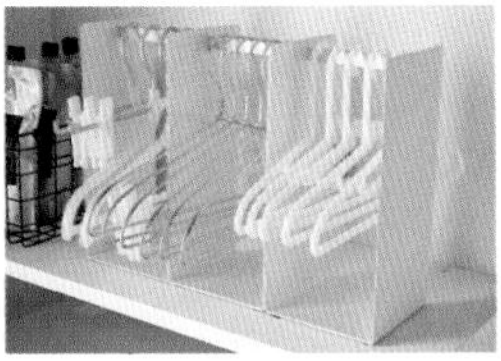

➡ p31

ウォールスプレーボトルホルダー タワー

6015 6016

付属の石膏ボードピンで壁に浮かせて設置できるスプレーボトルホルダー。付属のフックでトイレブラシも収納可。

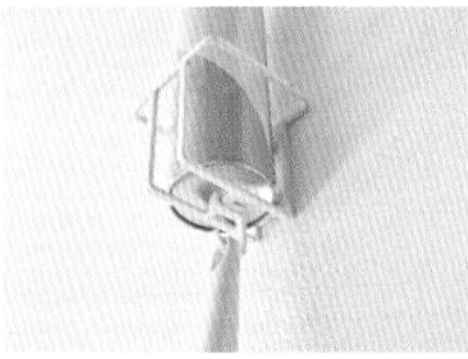

➡ p30

流せるトイレブラシスタンド タワー

4855 4856

流せるトイレブラシのハンドルをすっきり収納できるスタンド。蓋が外れるのでお手入れも簡単。

➡ p50,88

替えブラシ収納付き流せるトイレブラシスタンド タワー

5722 5723

流せるトイレブラシのハンドルと替えブラシをセットで収納できる。ブラシの替えがさっと取り出せて作業がスムーズに。

➡ p128

マグネットランドリーバスケットホルダー タワー 2 個組

5419 **5420**

2 個同時に使用すればランドリーバスケットのハンドルを引っ掛けることができる。縦向き・横向き、どちらでも使用可。

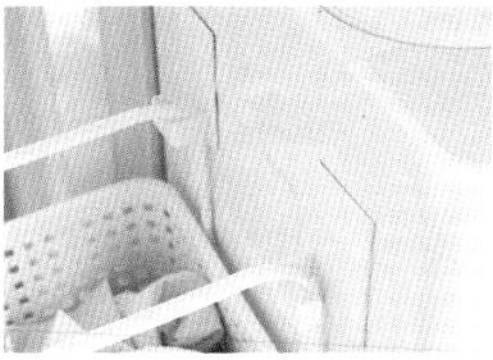

➡ p30

ランドリーワゴン + バスケット タワー

3351 **3352**

シンプルで清潔感あるランドリーワゴン。 縦置きでも横置きでもランドリーバスケットが取り出しやすい。

➡ p24,41

横から掛けられるバスタオルハンガー 3 連 タワー

4979 **4980**

バスタオルを横からスライドさせてスムーズに掛けられるハンガー。下段のバーにはバスマットなども干せる。

➡ p83

トイレ

サニタリー収納ケース リン

4807 4808

スチールと木の組み合わせが美しいケース。生理用品、トイレ小物などをさりげなく収納できる。コスメケースとしても。

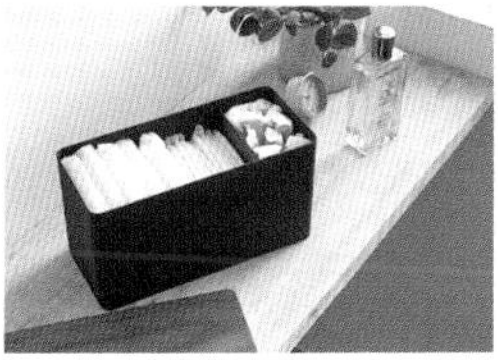

➡ p30

ハンドル付きスリムトイレラック タワー

4306 **4307**

ハンドル付きのスリムなトイレ収納ワゴン。トイレットペーパーや洗剤、文庫本などを一括収納。キャスター付き。

➡ p124,128

スリムトイレラック リン

3192 3193

美しい木目でスタイリッシュなデザインのラック。トイレブラシや洗剤、トイレットペーパーなどを隠して一括収納できる。

➡ p50

玄関

引っ掛けアンブレラスタンド タワー

3862 **3863**

傘が掛けやすく取りやすいスタンド。傘同士が絡まないので乾きが早く、玄関をすっきりと保てる。靴べらなどを掛けても。

➡ p74

かさたて スマート

6718 **6719**

玄関の隅にぴったりと収まるコンパクトな角型傘立て。玄関で場所をとらない省スペース設計がありがたい。

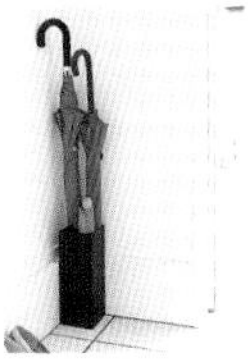

➡ p127

マグネットアンブレラスタンド タワー

7641 **7642**

マンションの鉄製扉など、マグネットが付くあらゆる場所に取り付け可能。下ホルダーは仕切りを利用して折り畳み傘を収納可。

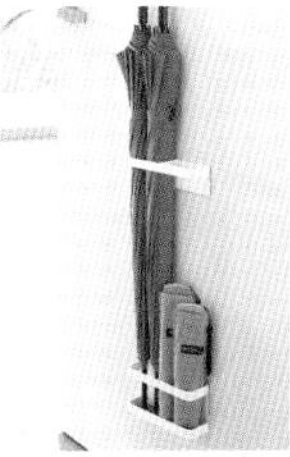

➡ p50, 68

天板付きシューズラック
タワー 6 段

3369 3370

天板付きのシューズラック6段。18 ～ 21 足程度収納可能。付属のフックで靴べらや折り畳み傘なども収納できる。

➡ p126

下駄箱中
長靴＆ブーツホルダー
フレーム

5184 5185

下駄箱の棚に差し込んで、長靴やブーツを手前と奥に収納。夏場は子ども靴やスリッパ、サンダルなど薄いものも収納可能。

➡ p79

浮かせる
伸縮シューズラック
タワー

5631 5632

玄関の下駄箱の下に差し込むだけ。散らかりがちなサンダルやスリッパ、ヒール靴などを浮かせて収納。 玄関掃除が楽に。

➡ p79

マグネット
マスクホルダー
タワー

4358 4359

マスクを玄関扉に収納できる。取り出しやすいように底面が斜めになっていて、約 30 枚・1 か月分のマスクを収納可。

➡ p50,121

マグネット
キーフック & トレイ
スマート

2754 2755

鍵 6 個を引っ掛けて収納可能。靴べらや折り畳み傘などもおまかせ。トレーには印鑑やペン、サングラスなどを置いても。

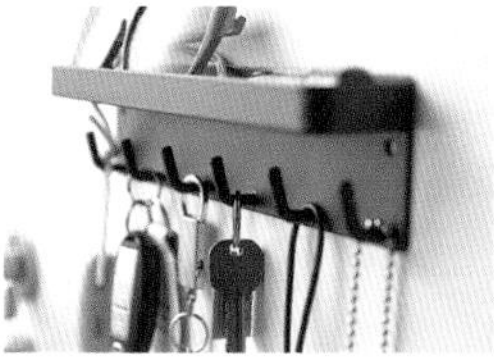

➡ p74

マグネット
キーフック 2 段
タワー

4799 4800

マグネットの付く玄関扉に設置するだけ。扉付きで鍵が隠せるから安心。5 つのフックは自由に脱着できる。

➡ p23,50,85

クローゼット

ペアドアハンガー
ライト

6159

2 個セットのドアに引っ掛けるタイプのハンガー。ドアに傷がつかないよう緩衝材やゴムが付いている。

➡ p66

マグネット
置き配トレー
タワー

6115 6116

マグネットで玄関扉に設置できる置き配用トレー。出前や置き配を清潔に受け取れる。便利なメッセージマグネット付き。

➡ p68,78

ツーウェイ
消臭ビーズケース
タワー

5746 5747

マグネットで玄関扉に付けられる消臭・芳香ビーズ収納ケース。さっと開閉できて詰め替えが簡単。下駄箱やトイレでも。

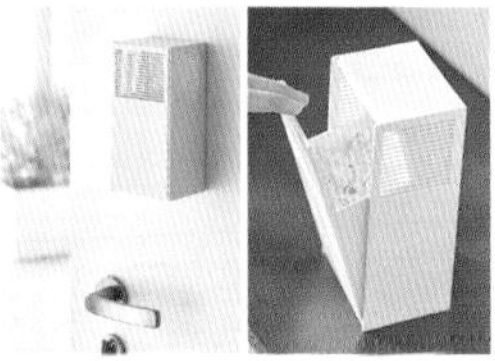

➡ p78

ツーウェイ ベランダスリッパラック タワー

4963 **4964**

雨や風を避けてベランダスリッパを室内の窓や扉に簡単収納。吸盤以外に付属の木ネジを使えば壁にも取り付け可。

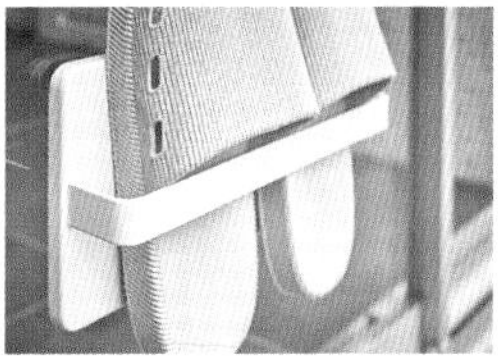

➡ p31

スリッパラック スマート

7643 **7644**

スリッパの裏面を重ねて4足収納できる、スリム設計のラック。玄関にさりげなく置ける。安定感があり、取り出しやすい。

➡ p74

下駄箱中 伸縮シューズラック フレーム

2572 **2573**

下駄箱の中の収納力を倍にするラック。左右に伸ばせるため、下駄箱に合わせて調節可。滑り止め付きでずれにくい。

➡ p22,68

マグネット 折り畳みドアストッパー スマート

2486 **2487**

立ったまま片足で押し下げてドアを固定できる玄関ドアストッパー。スチール製ドアにマグネットで取り付けるだけ。

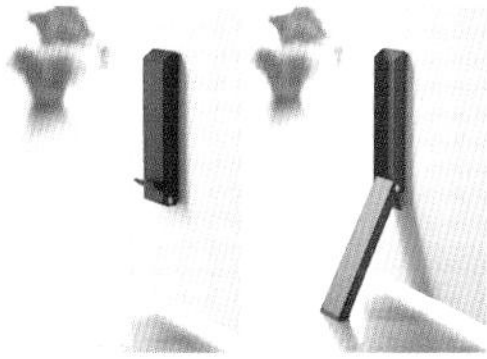

➡ p23,30

ツーウェイ 立体マスク収納ケース タワー

5781 **5782**

外出時にさっと取り出せる立体マスク収納ホルダー。約30枚(1か月分)のマスクを収納できる。斜めに開口するフラップ式。

➡ p92

マグネット 立体マスクホルダー タワー

6087 **6088**

外出時にさっと取り出せる立体マスク用のホルダー。 袋入りの立体マスク、袋入りのプリーツマスクなどを収納可。

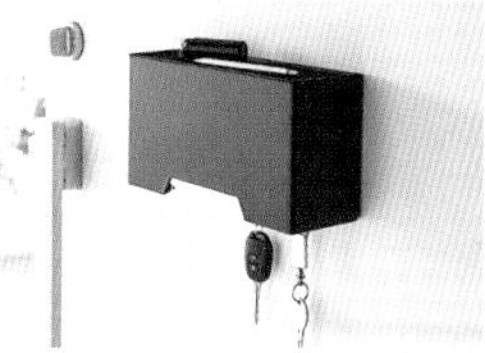

➡ p23

アクセサリートレー 4 段 タワー

4068 **4069**

アクセサリーを傷つけないフェルトマット付き。必要な段のトレーをスライドさせれば目当てのものが簡単に取り出せる。

➡ p22

高さ調節ドアハンガー スマート

4892 **4893**

約46cm・56cm・66cmとフックの高さを3段階に調節できるので大人から子どもまで使える。クローゼットの折れ戸にも。

➡ p66

使わない時は収納できる ドアハンガー タワー

5514 **5515**

使わないときは収納できる折り畳み式ドアハンガー。雨の日などの洗濯物の室内干しに便利。クローゼットの折れ戸などに。

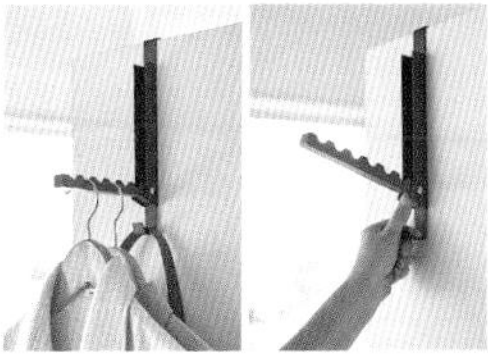

➡ p66

キッズ

ミニカー＆レールトイラック タワー

5018 5019

ミニカーやレールトイを飾りながら収納。トレーはミニカー用・レールトイ用の両面仕様。子どもも楽しく片づけられる。

➡ p98

恐竜＆アニマル収納ケージ タワー

5808 5809

おもちゃの恐竜や動物をケージで収納できる大容量の2段ラック。ディスプレイしながら収納できるので子どもも満足。

➡ p98

クローゼット

ラダーハンガー タワー

2812 2813

ズボンやスカーフの収納、衣類の一時掛けに便利な立て掛けラダーハンガー。スリムな立て掛け設計で置く場所を選ばない。

➡ p49

家電収納

テレビ裏ケーブルボックス スマート

4987 4988

テレビ裏にケーブルタップなどをスマートに収納。 箱内に収納することで、ほこりがたまらず、電源火災の予防にも。

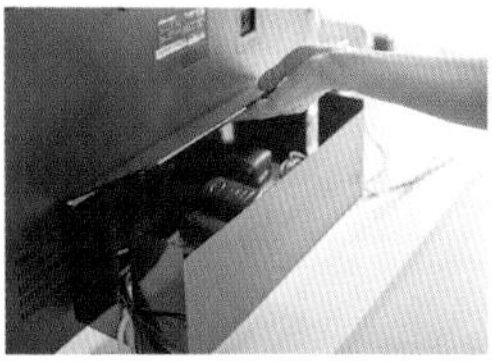

➡ p56

マグネットケーブル＆ルーター収納ラック スマート ブラック

5463 5464

マグネットや石膏ボードピンで設置でき、ルーターを浮かせて収納できる。ケーブルを巻き付けて収納できるフック付き。

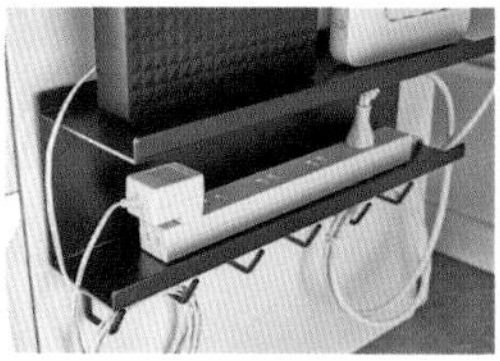

➡ p128

テレビ上＆裏ラック スマート ワイド

4883

上の天板にはスマートスピーカー、リモコン、録画用 HDD などが、裏の棚板にはルーターや掃除道具などが置ける。

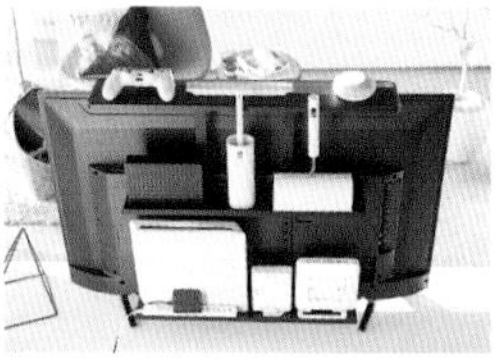

➡ p7

ハンディーワイパースタンド タワー

2769 2770

梨地の上質感とシンプルなフォルムが美しいスタンド。収納場所に困りがちなハンディーワイパーを美しく収納できる。

➡ p22,74

スティッククリーナースタンド タワー

3273 3274

マキタのスティッククリーナーなどを立ててスリムに収納できるスタンド。部屋の雰囲気を損なわずに収納できる。

➡ p74,77

コードレスクリーナースタンド タワー

3540 3541

ダイソンのコードレスクリーナーを収納できるスタンド。モーターヘッドも収納可能。セットしたまま充電できる。

➡ p62,74,86

作品収納ボックス タワー 2 個組

5310 **5311**

大切な想い出を整理しながら保管できるボックス。A2 サイズなのでたっぷり収納できる。季節ものの衣類なども収納可。

➡ p31,93

ランドセルスタンド スマート

3494 **3495**

置き場所に困るランドセルを収納できるスタンド。どこにでも置けるコンパクトサイズ。帽子、シューズ袋なども掛けられる。

➡ p36

ランドセル & リュック ハンガー 2 段 タワー

5242 **5243**

ドアやクローゼット扉に掛けるだけの簡単取り付け。ランドセルやリュック、洋服や小物などを掛けられる上下 2 段ハンガー。

➡ p49

掃除用品収納

クリーナーツール オーガナイザー タワー

5516 **5517**

ハンディーワイパーなどの掃除ツールを隠しながら一括収納できるスタンド。リビングでも主張しすぎないデザイン。

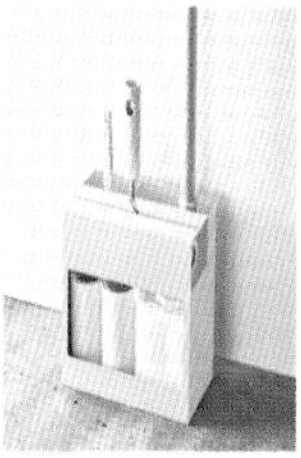

➡ p46

ウォール スマートフォンホルダー タワー

5895 **5896**

石膏ボートピンで簡単取り付け。コードを付けたままでも大丈夫なので、スマホやタブレットを充電しながら収納できる。

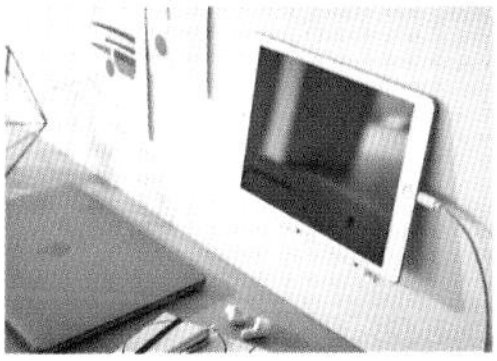

➡ p31

重ねられるスリム蓋付き ルーター収納ケース スマート ロング

5750 **5751**

高さのあるモデムやルーターをすっきり収納できる蓋付きのルーター収納ケース。2 個までスタッキング可能。

➡ p37

ダンボール & 紙袋ストッカー フレーム

3301 **3302**

大きなダンボールや、とっておきたいショッパーなどを一括収納できるストッカー。キャスター付きなので移動も楽。

➡ p74

ダンボールストッカー タワー

3303 **3304**

置き場所に困るダンボールを一括収納。そのままひもでまとめられる。キャスター付きで移動も楽。

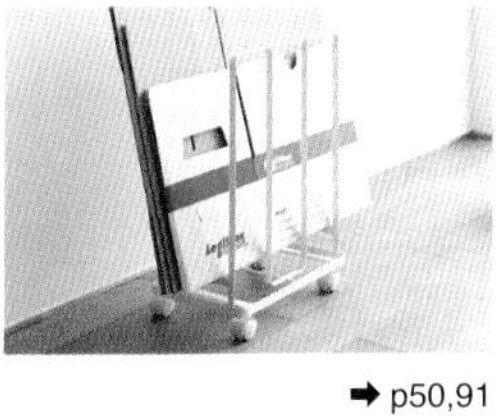

➡ p50,91

フローリングワイパー スタンド プレート

7860

フローリングワイパーと取り替え用のシートをまとめて収納できるスタンド。持ち手つきで持ち運びも容易。

➡ p5

「見ていて気持ちがいい企業」なんです、山崎実業は。

INTERVIEW

修復家・「買い物《もん》マガジン」主宰

河井菜摘さん

――河井さんは修復家として活躍する一方、ＳＮＳなどを通じてさまざまなものの良さを発信しています。どのような経緯でこのスタイルに至ったのでしょうか？

大学と大学院では漆を専攻していて、漆を使った美術作品を作っていたのですが、大学を離れてもの作りをしているうちに、なにか社会とうまく噛み合ってない感じがしたんですね。

いろいろ悩んでいた時期に、ちょっとしたきっかけで京都の茶道具の卸会社で修復業に関わることがあったんです。そこで接着や古色をつけるという漆の機能を再発見しました。古い茶道具を修理するうちに、新たにものを作らなくても、過去に作られたいいものを修理して蘇らせるという、自分の手の中で起こる行為が、すごくクリエイティブだなって思ったんです。もの作りの楽しさを感じつつ、社会に関わっているという実感を得ることができる仕事に惹かれて、それで修復家になりました。

――２０１５年にフリーの修復家となり、２０１８年にインスタグラムで「買い物《もん》マガジン」を始めたのですね。

修復家として活動し始めたのと同時期に金継ぎ教室を始めたのですが、作品作りってどこか独りよがりみたいなところがあるんですけど、教室では繰り返しわかりやすい言葉や印象的な言葉を使って語りかけ、自分がどうしたいというよりも、生徒さんに満足してもらうのをゴールにしています。

大学にいたころは「わかりにくい」ことに美学を感じて、「わかりやすいこと」はかっこ悪いことのように思っていました。でも教室を続けるうちに、「わかりやすいこと」は悪いことじゃないと思えるようになってきて、その延長線上に「買い物《もん》マガジン」があったんです。最初は買ったものの備忘録みたいな気持ちでやっていたんですが、ものを紹介する中で、人に喜んでもらおうとしたり、伝わりやすい印象的な言葉を使うのが、楽しくなってきました。教室を始めたことで、自分の心持ちが変わったんだと思います。

――ある種のエンタメを提供する感覚でしょうか。

そうです。喜んでもらいたかったんです。それはリアルの教室でもそうだし、ネット上でもそうでした。

低評価レビューをつけにくい 山崎実業製品

——昔からガジェットは好きだったのでしょうか？

学生のころはホームセンターとか金物屋さんに行くのがすごい好きでした。町の金物屋さんに売っている謎の金具とか楽しくて。将来はそういう便利なものとか、ニッチなアイテムとかを売るオンラインショップをやりたいなと、漠然と思ったことがありました。

——それが「買い物《もん》マガジン」につながったわけですね。そんな中で山崎実業との出会いが。

「楽天ルーム」という楽天の商品を紹介するアフィリエイトのショッピングSNSをやっていたのですが、それを通じていつの間にか知りました。「山崎実業っていう会社、なんかすごいな……。やたらと便利なものをいろいろ展開してるぞ」って。

——山崎実業の製品に対してどういう印象がありますか？

便利で良い商品であるのは言うまでもないのですが、「低評価レビューをつけにくい商品」だと思います。「使いにくかった」みたいなコメントをほとんど見かけませんよね。徹底してリサーチしているのか、サイズ感がいいです。

たとえば米びつでも、シンク下に入れる人と、冷蔵庫に入れる人と、引き出しに入れる人とかがいるじゃないですか。それに合わせて米びつが6種類くらい出ていて、そうなるとほとんどの人にとって「使いにくかった」ということはないですよね。

——作りもしっかりしていますよね。

簡単には壊れませんよね。最初に買ったのはフックが付いたマグネットのラックだったんですけど、マグネットの強さにすごいびっくりしました。超強力。全然動かなくて、「なにこれ！」って思いました。あれなら絶対落ちませんよね。

マグネット系の商品って、「ずれる」とか「取れる」とか、低評価レビューをつけられやすいんですけど、山崎実業レベルならそうはなりません。フィルムフックもありますけど、いずれにせよ山崎実業は「これなら絶対大丈夫」というもの以外は作りませんから、そのあたりが高評価の秘訣だろうと思います。

——山崎実業のプロダクトの最大の魅力ってなんでしょうか？

無印良品やイケアだと、たとえば「救急箱にも裁縫箱にもなりますよ」みたいな漠然とした箱を売っていますよね。一方、山崎実業は商品に明確な目的を用意しているのがすごくいいなと思っています。

洋服屋さんやレストランなんかでもそうですけど、人におすすめしてもらいたい人って多いから、山崎実業の製品みたいに用途をズバッと言ってもらうのって、優しさ

コロナ禍が始まったころから住んでいるという東京の自宅は年季の入った一軒家。ダイニングキッチンは決して広くはないが、さまざまなアイデアできれいに整頓されている

コンロ横にあるのがインタビュー中にも登場する「コーヒーペーパーフィルターケース」。パッケージのままだと出し入れがしにくかったので最近購入

コーヒー
ペーパーフィルター
ケース トスカ
→ p107下

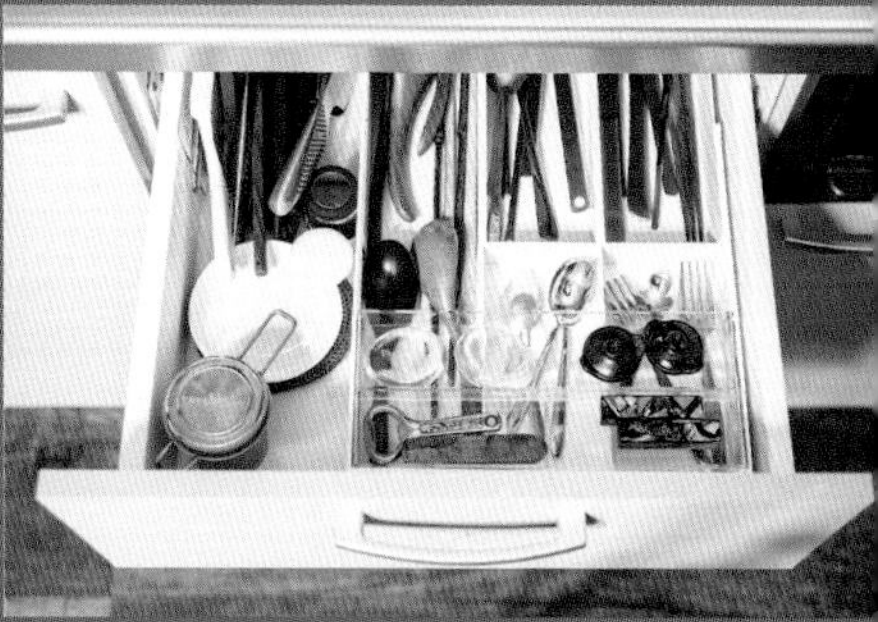

引き出しにはカトラリートレー。以前に使っていたものは中途半端な傾きがあって使いにくかった。伸縮式でサイズがぴったり合わせられるのと、上段のスライド式の透明トレーが快適とのこと

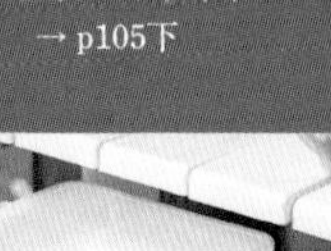

伸縮＆スライド
カトラリートレー
タワー ホワイト
→ p105下

密閉 シンク下米びつ タワー 5kg
計量カップ付 ホワイト
→ p106中

シンク下には米びつも。サイズ感がぴったりで、パッキンによってしっかり密閉できるから、衛生面でも安心

冷蔵庫横には引っ越してきてすぐに購入したというマグネットの「マスクホルダー」と「キッチンタオルホルダー」。前者によって置き場所に困りがちなマスクの定位置ができた。後者はさりげなさが高ポイント

マグネット
マスクホルダー タワー
ホワイト
→ p114中

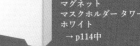

マグネット
キッチンタオルホルダー
タワー ホワイト
→ p103中

なんじゃないかなと思ったりもします。「そちらで工夫する必要はありません、こちらで工夫した商品を用意しておきましたから！」っていう。それで救われている人がたくさんいると思うんですよね。

――すごくニッチな商品もありますよね。

「熊手＆福笹ホルダー」なんてのもあるんですよね。自分で100均のボックスを設置しても熊手とか福笹って立体感があるから、なかなか安定しにくいでしょうね。あとひとつ支えがあるだけでぐんと安定感が出るんだと思います。「あ、それ置き場所に困ってた！」っていう悩みをすくい上げて、山崎実業の社員さんたちが共有して、こういう製品を開発してしまうのが、本当に不思議ですごいなと思います。

熊手＆福笹ホルダー
タワー
→ p101中

――山崎実業はネット通販でもたくさん売られていますが、こういうニッチな商品が探せるのはネットならではですよね。店頭で売っていても用途がよくわかりません。

そうなんです。商品単体だとわかりませんが、ネット通販では、使用風景の写真があるのがわかりやすくて、「あ、なるほど、これうちにも欲しいわ」と、ついつい欲しくなっちゃうんです。「別に買わないけどめっちゃいいな」っていう製品がいっぱいありますね（笑）。「神札スタンド」とかもそうです。

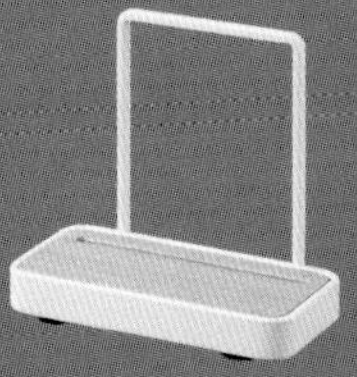

神札スタンドタワー
シングル
→ p101中

――逆にできればこうしてほしいみたいなところはありますか？

そんなにありませんね。本当に強いて言うなら、トスカの「コーヒーペーパーフィルターケース」を買ったんですけど、蓋が少しずれるのがやや気になりました。でも、そこをぴたっと合うようにすると、たぶん値段がガンって変わるのかなあと思ったりしました。現状でも損した感じはしませんし、この値段なら納得感はあります。

――価格設定もうまいですよね。

買いやすい値段でしっかりしてる。これが強いですね。

インスタのアカウントを見ているだけでも楽しい企業

――山崎実業製品の使い方のコツやアドバイスがあれば教えてください。

見えないところに使うぶんにはいくら使ってもいいんですけど、見えるところであんまり使いすぎるとインテリアの独創性が損なわれることもありそうです。

でも、いっぱい使うのは別に悪いことで

はなくて、学生時代のワンルームの狭い部屋に山崎実業があったら、すごい助けられてただろうなって思います。「助かる企業」って感じですね。「見ていて気持ちがいい企業」です。

――「見ていて気持ちがいい企業」！

インスタグラムで企業のアカウントはあまりフォローしていないんですが、山崎実業だけは公式アカウントをフォローしているんです。たとえ自分には必要なさそうな商品でも、「こんな便利なものがあったのか！」という驚きがあって、見てるだけでも面白いんですよね。

――ソリューション感がありますよね。

そうですね、まさに。もので生活の滞りをなくしていくというか。

――これからの山崎実業に期待することはありますか？

ネット以外での、リアルでの広がりを見てみたいですね。たとえば現代アートのインスタレーションみたいに、1日だけ「山崎実業の家」が出現するみたいな。

――いいですね！

今は素材をかなり限定してるから、素材が増えたらまた新たな展開が見えそうで、それも面白そうですよね。

あとは現状「つっぱり棒用棚板」は出していますけど、つっぱり棒自体は出していません。おそらくこれなら絶対にずれない・落ちないつっぱり棒の完璧さを提供できないからなのかなと思うんですけど、マグネットやフィルムフックに続く柱となるような、壁に穴をあけずになにかを設置できる新たな技術を生み出してくれたら、もっとすごい展開になりそうですね。

河井菜摘（かわい・なつみ）

1984年、大阪生まれ。京都市立芸術大学、大学院にて漆工を学び、2015年より修復家として活動。同時にInstagramで「買い物《もん》マガジン」を主宰し、InstagramやTwitterなどで便利なもの、かわいいものを多数紹介して、人気を集めている。現在は東京、鳥取、京都で3拠点生活を送っている。

@nano_723

買い物《もん》マガジン @kaimon_magazine

楽天ROOM「買い物《もん》マガジン」
https://room.rakuten.co.jp/room_8cba217008/items

ESSAY

山崎実業には視《み》えている

文筆家
岡田 育

ジグソーパズルの最後のピースを嵌《は》める瞬間。テトリスの縦棒を穴に落とす瞬間。ピタゴラ装置のビー玉がゴールする瞬間。ぴったり決まると、気持ちいい。今まで積み上げてきたものは間違っていなかった。ただ欠けていたパーツがあって、じっと時を待っていただけなのだ。初手から順番に踏み固めてきたおかげで、すべてがおさまるところにおさまり、ちゃんと最後まで辿り着くことができた……。そんな喜びの手応えが、人生には欠かせない。

　山崎実業の製品が日々の生活の隙間を埋めていくときも、単なる利便性を超えた楽しさがあり、不思議と心が満たされる。私が最近購入したのはキャスター付きのスリムワゴン［1］。事前にサイズを計測し、ぴったりハマることを確かめて買ったのに、届いた製品を開梱して組み立て、いざバスルームに置いてみると、あまりのハマり具合に「こんなに合うか!?」と声を上げて笑ってしまった。なぜってここはニューヨークなのである。

[1] ハンドル付きスリムトイレラック タワー ブラック
→ p113中

そう、日本だけではない、海外の住居にだってあるのだ、あの、「山崎実業の製品が置かれるためにあらかじめ空いていたとしか思えない」謎の隙間が、あちこちに。バスタブと洗面台を隔てる約６インチ、引っ越してこのかたシャワーカーテンつけかえの足場にするだけだったそこに、５インチ幅のtower「Rolling Storage Cart」がぴったりおさまって、今日からは「掃除用具収納」として生まれ変わる。

なんの機能もないと思っていた場所に、意味が、役割が、キャラクターが与えられる、時が来た。嬉しいような、しかし、一方で怖いような気持ちになる。もう何年も住んでいる部屋なのに、こんな可能性があるとは知らずに過ごしてきた。まるで物言わぬ幽霊のようなこの隙間の存在を、山崎実業だけが、先回りして「視《み》えて」いる、熟知している、なぜなんだ……？　やっと「解」を見つけたはずなのに、そのことがまた「謎」になる。

謎は謎のままだが私なりにわかること、それは、同じアメリカでも敷地が何百坪とある大豪邸に暮らす人々は、これほどまで同じアイテムに感動しないであろうこと。わが家はニューヨーク市内でワンベッドルームに夫婦２人暮らし、これは日本で言うなら１ＤＫに相当する間取りだ。東京の２ＬＤＫから引っ越したときはずいぶん断捨離したし、今だってなるべく身軽に暮らそうと努めているものの、ただ生きているだけでも少しずつモノが増えていく。となると、あとは収納を工夫するしかない。

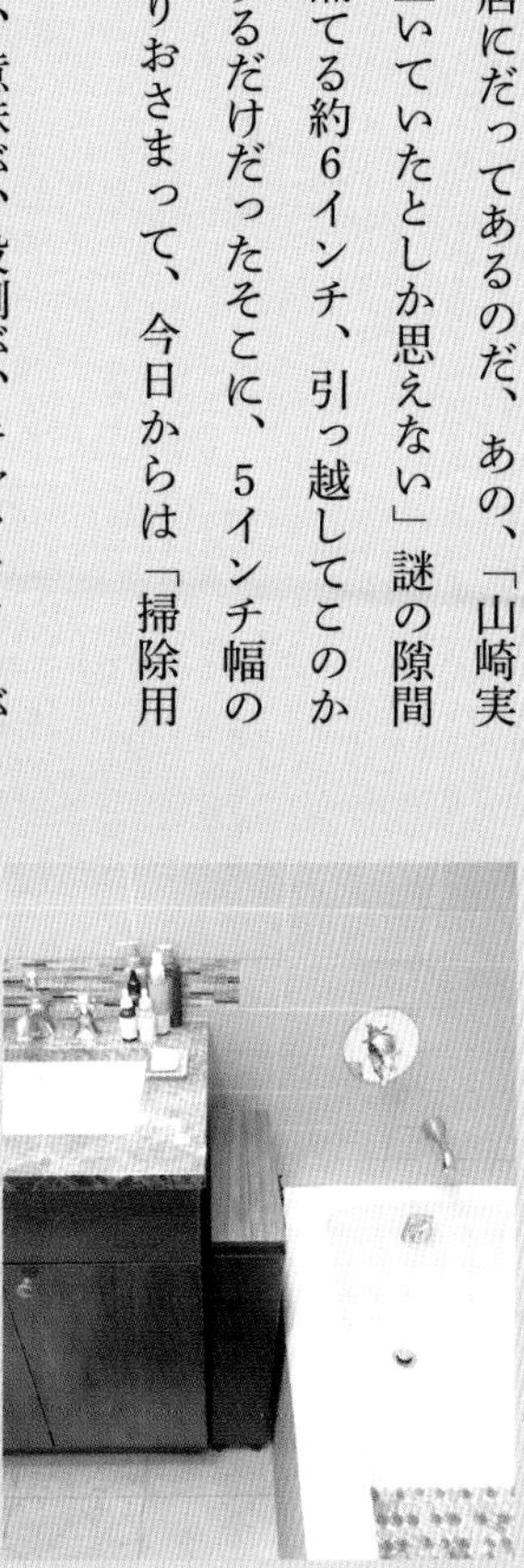

あまりのハマり具合
（筆者撮影）

それにこの国では、なにもかもが米国人の標準体型に合わせた作りで、全体的にかさばるのだ。工具、掃除機、アイロン、調味料、液体洗剤、いちいちデカいなぁ、と嘆きながらも自宅に常備せざるを得ない。冷蔵庫や食器戸棚も間仕切りを自作しないと使い勝手が悪く、天井まである備え付け収納に手を伸ばすには脚立が要るし、その脚立自体も異様に場所を取る、といった調子。知恵を絞らねばすぐ部屋がモノに埋もれてしまう。

散逸しがちなハンガーを一か所にまとめるラック［2］、台所ふきんやペーパータオルに定位置を与えるスタンド［3］［4］、テーブルやキッチンの稼働面積を縦に増やしてくれるちょっとした台［5］、コート掛けの下に納まる細長い靴置き［6］、山崎実業米国法人の通販［7］で、ずいぶんいろいろ買った。「またモノを増やすの？」と夫の呆れ声が聞こえるが、結果スッキリするのだから文句は言わせない。斜めにスリットが入ったシリコンの石鹸受け［8］も素晴らしい、お湯で流せば石鹸くずがスルスル落ちる！　小さな工夫で確実に快適性が高まる、この感じがやみつきになるのだ。

人口過密の狭い土地で窮屈に暮らすニューヨーカーは、国籍問わず、たとえ本人の体格がアメリカンサイズであろうとも、小型軽量グッドデザインの生活用品に目がない。実店舗があるMUJI（無印良品）は大人気だし、１００円均一ショップの商品に数ドルの付加価値をつけたような輸入雑貨店も繁盛している。山崎実業のアイテムも街中のあちこち、とくに厨房が丸見

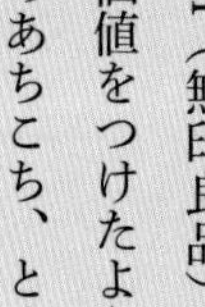

[6] 天板付き
シューズラック
タワー６段
ブラック
→ p114上

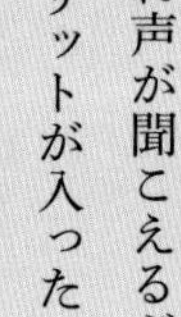

[4] 片手で切れる
キッチンペーパー
ホルダー プレート
→ p102下

[2] マグネット
洗濯ハンガー収納ラック
タワー ホワイト
→ p112上

[7] https://theyamazakihome.com

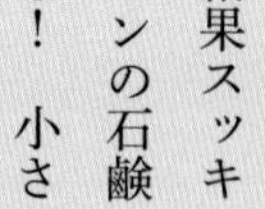

[5] キッチン
コの字ラック
トスカ L ホワイト
→ p106上

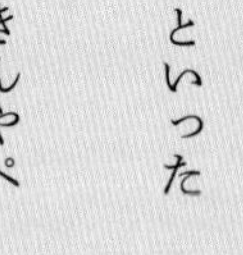

[3] 布巾ハンガー
タワー ホワイト
→ p102中

えとなるつくりの飲食店でよく見かけるようになった。

先日も知人から「玄関の傘立てをスリムなやつに買い替えたんだ、日本のブランドって信じられないほど省スペースでミニマリズムが極まってる！」と喜びの報告を受けた。「ああ、YAMAZAKI HOMEでしょ、うちは正方形タイプ［9］のを使ってるよ」とドヤ顔で答える。「ハマるところにはハマる」ニッチさが海を越え、気候も風土も異なるこの街の隙間にストンと刺さるのだろう。

同じ間取りに住んで8年目、わが家のパズルのピースはほとんど埋まりつつある。それでもまだ、踏み固めきれていない、まだ名もなく役割も与えられていない、幽霊みたいなデッドスペースがある気がしてならない。YAMAZAKIのおかげで、だんだん私にもそれが「視《み》える」ようになってきたんじゃないかと、今日も狭い部屋の中で目を凝らしている。

岡田育（おかだ・いく）

文筆家。東京都出身、ニューヨーク在住。出版社勤務を経てエッセイの執筆を始める。最新刊は『我は、おばさん』（集英社）。著書に『ハジの多い人生』（文春文庫）、『嫁へ行くつもりじゃなかった』（大和書房）、『天国飯と地獄耳』（キノブックス）、『40歳までにコレをやめる』（サンマーク出版）、『女の節目は両A面』（TAC出版）など。

https://okadaic.net/

@okadaic

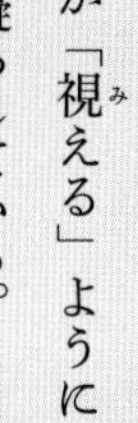

［9］かさたて
スマート
ブラック
→ p113下

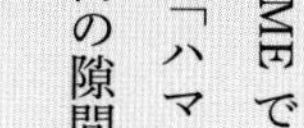

［8］ソープトレー
フロー ホワイト
→ p110中

編集後記

さまざまなお宅を取材させていただき、また、たくさんの方のお話を伺ううちに、ますます山崎実業のことが好きになってしまった数か月間でした。私の自宅もp34 ～ 43で紹介させていただいておりますが、ここからまたさらに「ハンドル付きスリムトイレラック タワー ホワイト」や「替えブラシ収納付き流せるトイレブラシスタンド タワー ホワイト」などが増えております。ちなみにライターの工藤さんは「マグネットケーブル＆ルーター収納ラック スマート ブラック」を、カメラマンの相馬さんは「神札ホルダー リン ナチュラル」を取材の合間にポチっておりました。「山崎実業道」に終わりはありません。またどこかでお会いしましょう。

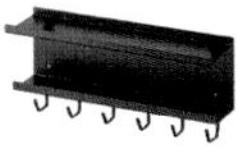

マグネット
ケーブル＆ルーター
収納ラック スマート
ブラック
→ p116中

ハンドル付き
スリムトイレラック
タワー ホワイト
→ p113中

神札ホルダー
リン ナチュラル
→ p101中

替えブラシ収納付き
流せるトイレブラシ
スタンド
タワー ホワイト
→ p112下

取材・文　工藤花衣（p18 ～ 33, 44 ～ 60, 62 ～ 80, 94 ～ 98）
撮影　相馬ミナ（カバー, p1 ,18 ～ 60, 62 ～ 76, 94 ～ 98, 118 ～ 123）
デザイン　五十嵐久美恵 pond inc.
校閲　安藤尚子　河野久美子
編集　小田真一

Special Thanks　山崎実業株式会社

読者アンケートにご協力ください

この度はお買い上げいただきありがとうございました。『山崎実業アイデアBOOK』はいかがだったでしょうか？右上のQRコード（Creative Surveyに遷移します）からアンケートにお答えいただけると幸いです。今後のより良い本作りに活用させていただきます。所要時間は5分ほどです。

あなたの「山崎実業のある暮らし」を大募集！

あなたの「山崎実業のある暮らし」の様子を写真に撮って右上のQRコード（Google Formsに遷移します）よりお送りください。企画の参考にするとともに、今後発売される山崎実業や収納・インテリアをテーマとした書籍・ムックで取材をお願いさせていただく可能性があります。

＊このアンケートなどは編集作業の参考にするもので、ほかの目的では使用しません。詳しくは当社のプライバシーポリシー（https://www.shufu.co.jp/privacy）をご覧ください。

山崎実業アイデアBOOK

編　者　主婦と生活社
編集人　東田卓郎
発行人　倉次辰男
発行所　株式会社主婦と生活社
〒104-8357 東京都中央区京橋3-5-7
［編集部］☎ 03-3563-5129
［販売部］☎ 03-3563-5121
［生産部］☎ 03-3563-5125
https://www.shufu.co.jp
jituyou_shufusei@mb.shufu.co.jp
製版所　東京カラーフォト・プロセス株式会社
印刷所　共同印刷株式会社
製本所　株式会社若林製本工場

ISBN978-4-391-15912-7